# La Grande Charte, Ou L'##tablissement Du R##gime Constitutionnel En Angleterre

## Camille Rousset

# BIBLIOTHÈQUE
## DES CHEMINS DE FER

---

DEUXIÈME SÉRIE

HISTOIRE ET VOYAGES

Imprimerie de Ch. Lahure (ancienne maison Crapelet)
rue de Vaugirard, 9, près de l'Odéon.

# LA
# GRANDE CHARTE

OU

L'ÉTABLISSEMENT DU RÉGIME CONSTITUTIONNEL

## EN ANGLETERRE

PAR M. CAMILLE ROUSSET

OUVRAGE REVU
## PAR M. GUIZOT

———◆———

## PARIS

**LIBRAIRIE DE L. HACHETTE ET Cⁱᵉ**

RUE PIERRE-SARRAZIN, N° 14

—

**1853**

Signant sit.

# AVERTISSEMENT.

Dans son cours sur l'*Histoire des origines du gouvernement représentatif*, M. Guizot a consacré quatre leçons à l'exposition des origines et de l'établissement des chartes anglaises. Nous avons essayé de reproduire ici le drame historique dont ces leçons sont le commentaire politique et philosophique. Nous apportons les faits, avec leurs détails, comme preuves justificatives à l'appui des idées.

Nous nous sommes en même temps appliqué à conserver la physionomie particulière du xiiie siècle, avec ses luttes politiques et religieuses, ses rivalités nationales, sa foi chevaleresque et ses légendes, ses opinions mêmes et ses passions. Jean sans Terre n'est sans doute pas le type de cet âge héroïque ; bien loin de là : mais c'est précisément le contraste de son scepticisme et de sa lâcheté avec l'esprit et les sentiments de ses contemporains, qu'il nous a paru utile et intéressant de faire ressortir, en ne négligeant aucun des incidents, même vulgaires, qui peuvent donner plus de relief au portrait d'un prince dont les folies et les vices, dit un éminent historien, M. Macaulay, ont été le salut de l'Angleterre.

Nous avons donc beaucoup emprunté aux chroniqueurs, surtout au plus riche et au plus libéral d'entre eux, Matthieu Pâris. Quoi que l'on pense de son exactitude et de sa critique, c'est toujours à lui qu'il faut revenir, quand on agite autre chose que des questions de dates, quand on veut voir agir, parler et se mouvoir les hommes du XIIIᵉ siècle. Le moine de Saint-Albans n'est ni un érudit ni un philosophe ; mais c'est une âme intelligente et honnête, pénétrée de l'esprit du droit et de la justice, et qui porte, dans le récit des événements, une sûreté d'appréciation, une indépendance de vues, souvent même un élan dont l'audace nous a plus d'une fois étonné et touché.

Il y a de Matthieu Pâris une remarquable traduction, faite par M. Huillard-Bréholles, sous les auspices de M. le duc de Luynes. Bien que nous nous soyons toujours imposé la tâche de traduire nous-même, c'est pour nous un devoir de dire que, surtout dans nos études préparatoires, le travail de M. Huillard-Bréholles nous a été d'un utile secours.

# LA
# GRANDE CHARTE
## D'ANGLETERRE.

---

## CHAPITRE PREMIER.

Origine de la Grande Charte. — Édouard le Confesseur. — Guillaume
le Conquérant. — Charte de Henri Ier. — Chartes d'Étienne. —
Henri II Plantagenêt. — Thomas Becket. — Constitutions de Clarendon. — Révolte des comtes de Leicester et de Norfolk.

La Grande Charte est le monument fondamental
des libertés anglaises ; mais ce monument repose
lui-même sur des fondements encore plus anciens.
Ce n'est pas une de ces constructions élevées à la
hâte et que la moindre secousse suffit à mettre en
ruines ; c'est un édifice solide, fruit du travail long
et patient de plusieurs générations. Des institutions
qui datent de l'année 1215 ont, à coup sûr, reçu du
temps cette consécration qui commande le respect :
cependant le peuple anglais veut encore davantage : il réclame pour ses droits une plus antique
origine, et, ce qui est plus rare, il peut la leur don-

ner. Cette pieuse recherche des anciennes traditions
soulève, il est vrai, bien des critiques ; c'est, dit-
on, une fantaisie de glorieux qui fait vanité de
vieux titres et de coutumes surannées qu'il con-
serve avec la rigueur formaliste d'un antiquaire.
Est-ce là un tort? A notre sens, c'est bien plutôt
un mérite, puisque c'est la preuve que le peuple
anglais connaît, aime et respecte son passé.

Bien avant la conquête normande, les Anglo-
Saxons avaient des institutions et des lois qui assu-
raient aux individus leur liberté personnelle et la
tranquille jouissance de leurs biens. Parmi les rois
législateurs, Alfred le Grand avait été le plus célèbre ; mais lorsque, après l'invasion de Guillaume
le Conquérant, les Saxons opprimés cherchaient
dans leur histoire le souvenir d'un temps dont ils
auraient souhaité le retour, ils s'arrêtaient d'abord
au règne d'Édouard le Confesseur. « Les lois et les
coutumes du bon roi Édouard, » telle était la formule qu'ils invoquaient sans cesse comme une protestation contre les excès de la conquête, et que
les Normands eux-mêmes leur empruntèrent dès
qu'ils commencèrent à lutter contre le despotisme
de leurs rois. A vrai dire, comme presque toutes
les formules, celle-ci était vague ; elle exprimait
plutôt un sentiment qu'un fait. Les historiens et les
publicistes anglais n'ont jamais pu dire d'une manière précise quelles étaient ces lois et ces cou-

tumes. Tout ce qu'on sait de l'administration d'Édouard, c'est qu'elle fut douce et bienveillante, même jusqu'à la faiblesse. Ses sujets étaient tellement convaincus de sa perfection morale qu'ils refusaient de lui attribuer les fautes de son gouvernement : « Le roi ne peut mal faire, » disaient-ils. N'est-ce pas l'origine de toutes les théories constitutionnelles sur la responsabilité et l'inviolabilité ? « C'est néanmoins pour la mémoire de ce prince, dit le docteur Lingard, une circonstance heureuse qu'il ait régné entre la conquête danoise et la conquête normande. Les écrivains ont été disposés à envisager son caractère sous un jour plus favorable, à cause de la haine qu'ils portaient à ses successeurs et à ses prédécesseurs. »

L'Angleterre, en effet, venait de subir la domination, d'ailleurs peu tyrannique, de Canut le Danois et de ses fils, lorsque Édouard commença de régner ; neuf mois tout au plus après sa mort, elle tombait sous le despotisme bien autrement redoutable de Guillaume le Conquérant. Toutefois, dans les premières années qui suivirent la bataille de Hastings, Guillaume, qui affectait de tenir sa nouvelle couronne de la volonté d'Édouard et du vœu même des Saxons plutôt que de la force de ses armes, essaya d'une politique conciliatrice. Il paraît certain qu'il publia, en 1071, une charte pour maintenir les lois et les coutumes saxonnes ;

il accorda aux habitants de Londres la confirmation de leurs anciens priviléges. On trouve dans un
acte, qu'on a quelquefois appelé la Grande Charte
de Guillaume, les dispositions suivantes, applicables
sans doute aux Anglais aussi bien qu'aux Normands : « Nous voulons, ordonnons et désirons
que tous les hommes libres de notre royaume
jouissent en paix de leurs terres et de leurs possessions, qu'ils soient exempts de toute taille et de
toute exaction injuste, de sorte qu'on ne leur
prenne rien et qu'il ne soit rien exigé d'eux, si ce
n'est le service qu'ils nous doivent légitimement. »
Mais bientôt toutes ces belles espérances, que dé-
mentait déjà la réalité, ne tardèrent pas à s'évanouir. L'insolente tyrannie des Normands poussa
les Saxons à la révolte. Ce fut une guerre d'extermination contre la race proscrite, contre ses
lois, contre sa langue même; le seul nom d'Anglais
devint un terme d'opprobre.

Guillaume le Roux continua ce système impi-
toyable; mais déjà la bonne intelligence ne régnait
plus entre la royauté et la féodalité normandes. Le
fondateur de la dynastie avait placé si haut l'autorité souveraine qu'elle pesait d'un poids insuppor-
table à la fois sur le peuple et sur les barons. La
rigueur des lois sur les forêts et sur la chasse,
dont Guillaume avait voulu faire exclusivement
un droit royal, blessait surtout la fière noblesse,

atteinte dans son plaisir favori. « Il établit, dit la Chronique saxonne, qu'on ôterait la vue à celui qui tuerait un cerf ou une biche. La même défense fut faite pour les sangliers. Il aimait tant le gros gibier qu'on eût dit qu'il en était le père. Il voulut aussi qu'on laissât courir les lièvres en liberté. Les riches gémissaient et les pauvres murmuraient ; mais il était si fort qu'il ne s'inquiétait pas de leur haine à tous. » Ce fut là, après tout, une heureuse fortune pour la race saxonne, et, lorsqu'elle réclama, timidement d'abord, les lois et coutumes du bon roi Édouard, elle commença à trouver au sein de l'aristocratie normande de puissants échos. Les rivalités des fils du Conquérant tournèrent au profit de l'une et de l'autre nation. Dès lors, les barons normands ne firent pas une seule conquête qui ne fût un soulagement pour les pauvres Saxons opprimés.

Ce fut ainsi que Henri I<sup>er</sup>, ayant usurpé le trône sur son frère aîné Robert, se vit obligé d'accorder à ses sujets une charte beaucoup plus explicite qu'aucun des actes émanés de son père. C'est cette même charte qui, mise en oubli volontairement par la duplicité des rois, involontairement par la négligence des grands et l'ignorance du peuple, retrouvée enfin au temps de Jean sans Terre par l'archevêque Langton, excita parmi les barons un si vif enthousiasme et, servit de modèle aux fortes

garanties que les défenseurs des libertés publiques
arrachèrent à la lâcheté du monarque. Toutes
les concessions que Henri Beauclerc faisait au
clergé et à ses vassaux immédiats, il les invitait
à les faire également à leurs tenanciers. Il s'engageait à ne plus suivre « toutes les mauvaises coutumes » qui accablaient le royaume sous le règne
précédent; il promettait enfin de mettre en vigueur
les lois d'Édouard le Confesseur, telles qu'elles
avaient été amendées par Guillaume le Conquérant,
du consentement des barons. Peu de temps après,
il accorda aux habitants de Londres le droit d'élire
leur shériff et leur justicier, de tenir leurs assem-
blées accoutumées, et d'être exemptés de certaines
taxes extraordinaires.

L'année suivante, inquiet des efforts que faisait
Robert pour revendiquer ses droits à la couronne,
il réunit à Londres les barons qu'il voulait gagner
à sa cause, et leur tint un discours dont un passage surtout vaut la peine d'être cité. Après avoir
fait de la personne de son frère un portrait hi-
deux, il ajoutait : « Moi, qui suis vraiment un roi
doux, modeste et pacifique, je vous conserverai
et soignerai précieusement vos anciennes libertés,
que j'ai précédemment juré de maintenir; j'é-
couterai avec patience vos sages conseils et vous
gouvernerai justement, d'après l'exemple des meil-
leurs princes. Si vous le désirez, je confirmerai

cette promesse par une charte écrite, et je jurerai de nouveau d'observer inviolablement toutes les lois du saint roi Édouard. » Il est vrai que le vent emportait ces belles paroles et que les concessions étaient aussitôt violées que faites ; mais les intéressés en prenaient acte et tenaient leurs droits en réserve pour un meilleur temps.

Étienne, qui s'empara du trône après Henri I<sup>er</sup>, eut aussi besoin de racheter son usurpation ; il publia deux chartes, l'une pour confirmer les libertés accordées par son prédécesseur, et très-spécialement les lois d'Édouard, l'autre pour réformer les abus d'autorité et les exactions des officiers royaux. Ce qu'il y eut de remarquable, c'est qu'en prêtant au nouveau roi le serment d'allégeance, les évêques et quelques-uns des barons laïques introduisirent dans la formule du serment une clause empruntée aux traditions saxonnes, à savoir qu'ils ne se considéreraient comme liés qu'autant que le roi tiendrait lui-même ses engagements. Les barons obtinrent aussi la permission de bâtir des châteaux et de les fortifier pour leur défense.

L'avénement des Plantagenets porta au comble la grandeur royale. Sans doute Henri II, en prenant la couronne, confirma, par une charte de 1154, tous les droits et libertés dont ses sujets avaient été en possession au temps de Guillaume le Conquérant, mais il n'y ajouta aucune garantie. Ni sous ce

règne, ni sous celui de Richard, les institutions
libres ne firent aucun progrès. Cependant les villes
prenaient de l'importance ; on ne distinguait plus,
du moins dans les hautes classes, les Normands
des Saxons ; il n'y avait plus qu'une noblesse anglaise. On se préparait en silence pour une lutte
qui ne fut pas, il est vrai, d'abord générale, et qui
surtout n'eut pas le caractère d'une résistance con-
stitutionnelle ; mais il s'éleva, sous ce règne, des
querelles assez considérables, quoique particu-
lières, et des existences assez grandes, Thomas
Becket, le comte de Leicester et le comte de Norfolk, par exemple, pour mériter d'être étudiées
avec soin et de près.

Jamais Henri II n'eut de favori qui lui fût plus
cher ni plus attaché que Thomas Becket, jusqu'au
moment où il devint archevêque de Cantorbéry.
Thomas était le fils d'un des principaux citoyens de
Londres ; après avoir fait d'excellentes études à
Londres et à Paris, il était allé à Bologne
suivre les leçons du fameux Gratien, qui avait créé,
ou du moins singulièrement perfectionné la science
du droit canon. De retour en Angleterre, Thomas
parvint rapidement, de bénéfices en bénéfices, à
la dignité d'archidiacre de Cantorbéry, l'une des
plus riches et des plus importantes après les siéges
épiscopaux et les principales abbayes. Dans ces
nouvelles fonctions, il plut tellement à l'archevêque

Théobald, que, sur l'instante recommandation de
ce prélat, Henri II le choisit pour précepteur de
son fils aîné, et le nomma chancelier du royaume.
Thomas fut dès lors l'unique dépositaire de la faveur
royale. Sa vie était magnifique et somptueusement
libérale; il tenait table ouverte pour tous ceux qui
avaient affaire auprès du roi. Dans une mission
qu'il eut à remplir en France, il déploya un faste
inouï : « Chaque fois qu'il entrait dans une ville,
disent les chroniques du temps, le cortége s'ouvrait
par deux cent cinquante jeunes garçons chantant
des airs nationaux. Puis venaient ses chiens accou-
plés, suivis de huit chariots traînés chacun par cinq
chevaux et menés par cinq conducteurs en blouse
neuve. Deux de ces chariots étaient chargés de
tonneaux d'ale pour la populace ; le troisième portait les objets composant la chapelle du chancelier;
le quatrième, les meubles de sa chambre à coucher;
le cinquième sa cuisine ; les derniers étaient desti-
nés à l'usage de sa suite. Après les chariots, on
voyait douze sommiers ou chevaux de charge, sur
chacun desquels était monté un singe tenu par un
valet à genoux. Puis venaient des écuyers condui-
sant les chevaux de bataille, des fils de nobles, des
fauconniers, des officiers de la maison, des chevaliers et des ecclésiastiques à cheval, marchant deux
par deux, enfin le chancelier lui-même, s'entrete-
nant avec ses familiers. Quand il passait ainsi, on

entendait les gens s'écrier : « Quel homme est-ce
« donc que le roi d'Angleterre, puisque son chance-
« lier voyage avec tant de pompe ! » Non-seulement
Thomas Becket fut un politique, mais il ambitionna
aussi le renom de vaillant capitaine et de bon chevalier ; dans une guerre qui eut pour théâtre le
midi de la France, il fit mainte prouesse et retourna
en Normandie avec douze cents chevaliers et quatre
mille hommes de suite qu'il entretenait à ses
frais.

Tel était le brillant personnage que Henri II, qui
méditait un grand projet contre les franchises ecclésiastiques, résolut, à la mort de Théobald, de
faire élire archevêque de Cantorbéry. Thomas s'y
refusa longtemps, alléguant avec loyauté qu'il lui
serait impossible de remplir ses devoirs d'archevêque et de conserver en même temps la faveur du
roi. C'était précisément ce qu'avait dit en pareille
circonstance Grégoire VII à l'empereur Henri IV ;
mais le roi d'Angleterre ne tint pas plus compte de
cet avertissement que n'avait fait l'empereur d'Allemagne, et Thomas Becket devint primat d'Angleterre. Comme il n'était que diacre, il fut d'abord
ordonné prêtre, et le lendemain consacré comme
archevêque, en présence de toute la noblesse du
royaume, qui applaudissait le roi et le favori. Le
seul évêque de Hereford, Gilbert Foliot, prélat de
mœurs rigides, dit ironiquement que le roi avait

enfin opéré un miracle, car il avait changé un soldat en prêtre, et un laïque en archevêque.

Gilbert Foliot avait dit vrai. A peine installé dans son église, Thomas Becket rompit avec le monde, qu'il avait ébloui jusqu'au scandale ; ce que perdirent les bons compagnons et les joyeux convives, les pauvres le gagnèrent. Tout entier aux devoirs de sa nouvelle situation, l'archevêque résigna l'office de chancelier entre les mains du roi, qui s'en montra vivement surpris et affecté ; peu à peu l'austérité du prélat refroidit leur affection mutuelle, et, les calomnies des gens de cour aidant, la fougue de Henri l'emporta bientôt jusqu'aux extrémités de la haine. Enfin la lutte éclata ; habilement engagée d'abord par le roi sur la juridiction criminelle des cours ecclésiastiques, juridiction abusive et en contradiction même avec les saints canons, elle s'étendit rapidement jusqu'à embrasser toutes les immunités de l'Église. Le primat fit une résistance énergique ; mais tout à coup, au plus vif de la discussion, on vit, sur un signe du roi, une porte s'ouvrir brusquement, et une troupe de chevaliers apparaître, ceints pour le combat et l'épée nue. Alors les nobles et les prélats supplièrent l'archevêque de cesser son opposition ; deux templiers se jetèrent à ses genoux, le conjurant de prévenir, par sa soumission, le massacre des évêques, et Thomas consentit à signer l'acte si célèbre connu sous le nom de Constitutions de Clarendon. Mais aussitôt, plein de remords, il écrivit au pape Alexandre pour lui demander pardon de sa faiblesse, et, sans attendre la décision du pontife, il s'interdit lui-même l'exercice des fonctions épiscopales. Alexandre, touché de son repentir, lui donna l'absolution; mais il annula les Constitutions de Clarendon comme attentatoires aux droits et priviléges de l'Église.

Toute la fureur du roi tomba sur son ancien favori, qu'il regardait comme un traître et un rebelle. Abandonné par la plupart des autres évêques, ou trop faibles, ou jaloux de sa supériorité, Thomas fut cité devant la cour du roi, où il eut à répondre à mille accusations odieuses : on voulait le forcer à se démettre de sa dignité. Calme et intrépide, il avait pris la résolution de lutter jusqu'au bout. Le jour où la sentence devait être prononcée, il célébra la messe de saint Étienne, premier martyr, et se rendit au palais, en habits pontificaux, la crosse à la main. On le laissa longtemps seul avec ses clercs, dans une vaste salle ; mais, comme pour lui faire comprendre que les résolutions qui s'agitaient entre les juges étaient tellement violentes qu'ils ne pouvaient les autoriser de leur présence, les évêques sortirent du conseil et passèrent devant lui, les uns le conjurant d'avoir pitié de lui-même, les autres l'injure et la menace à la bouche. A tous Becket répondit simplement : « J'attends. » Alors il se fit un silence solennel, la porte s'ouvrit, et la cour prit séance. Mais, au moment où le comte de Leicester ordonnait à Becket d'écouter sa sentence : « Ma sentence! s'écria-t-il; comte, mon fils, écoute-moi d'abord.... Sachez que vous êtes mes fils en Dieu; ni la loi ni la raison ne vous permettent de juger votre père. Je récuse donc votre tribunal et je remets ma querelle à la décision du pape; et maintenant, sous la protection de l'Église et du siége apostolique, je vais partir. » Comme il passait devant les amis du roi, quelques-uns lui jetèrent des bouchons de paille, et l'un d'eux l'appela traître. A cet outrage, le vieil homme se réveilla en lui; il se retourna vivement : « Bienheureux est ce couard, dit-il; car, si mon ordre ne me le défendait, je le ferais repentir de son insolence. » Quand il parut sur le seuil du palais, le peuple le reçut avec des acclamations et le conduisit en triomphe à sa demeure. Mais, pressé par ses amis qui redoutaient quelque violence, il partit secrètement la nuit, passa en France, comparut à Sens devant le pape Alexandre, qui le contraignit de garder la dignité archiépiscopale dont il voulait se démettre, et se retira dans l'abbaye de Pontigny. Henri, furieux de voir échapper sa victime, essaya d'assouvir sa vengeance sur tous les parents et les amis de l'archevêque; il en bannit jusqu'à quatre cents, au

quels il imposa, par serment, l'obligation d'aller
troubler, par le spectacle et les reproches de leur
misère, l'exil solitaire du prélat.

Cependant, menacé par les foudres de l'Église, le
roi fut obligé d'humilier son orgueil. Une entrevue
ayant été ménagée entre lui et le primat, ils se
rencontrèrent dans une vaste prairie, en Touraine.
Le roi salua le premier, sa toque à la main; puis,
comme on les examinait curieusement : « Çà,
monseigneur, dit Henri, reprenons notre ancienne affection; seulement, faites-moi honneur
devant ceux qui nous regardent; » et se tournant
vers sa suite, il ajouta : « Je trouve l'archevêque disposé le mieux du monde à mon égard;
si j'étais autrement envers lui, je serais le dernier des hommes. »

Le résultat de cette apparente réconciliation fut
le retour de Thomas Becket en Angleterre; mais
il y retrouva des ennemis mortels, l'archevêque
d'York, les évêques de Londres et de Salisbury,
qu'il avait fait excommunier par le pape pour avoir
usurpé ses droits en son absence. Ces trois prélats
et les courtisans ligués avec eux réussirent à réveiller par de faux rapports le ressentiment du
roi, qui se trouvait alors en Normandie. « De ces
lâches qui mangent mon pain, s'écria-t-il un jour
dans un accès de fureur, il n'y en aura donc aucun qui me délivre de ce prêtre turbulent? » Alors

quatre chevaliers, Reginald Fitzurse, Guillaume Tracy, Hugues de Moreville et Richard Brito, sans prendre autrement congé du roi, passèrent en Angleterre et se présentèrent tout à coup devant l'archevêque, armés de pied en cap. « Je suis surpris, leur dit-il, que vous veniez me menacer dans ma propre demeure. — Nous ferons plus que menacer, » répondirent-ils en se retirant. Les serviteurs du prélat épouvantés le conjurèrent de chercher un asile dans l'église. Il montait les degrés du chœur, lorsque le lieu saint fut envahi par les quatre chevaliers, suivis de douze autres également armés, et vociférant : « Où est le traître? où est l'archevêque? » Mais lui, suivi d'un seul acolyte, car tous les autres s'étaient enfuis, marcha vers les assassins, et s'adressant à Fitzurse : « Me voici, lui dit-il; je suis l'archevêque, et non pas un traître. Reginald, je t'ai accordé bien des faveurs. Cependant, si vous en voulez à ma vie, tuez-moi seul et ne touchez à aucun de mon peuple. » Et comme ils lui ordonnaient d'absoudre sur-le-champ les évêques excommuniés : « Non, répondit l'archevêque, pas avant qu'ils aient donné satisfaction. — Eh bien, meurs! » s'écria Reginald; et il lui porta sur la tête un coup violent que l'acolyte chercha vainement à parer et qui lui cassa le bras. En sentant son sang couler, l'archevêque joignit les mains et inclina la tête en disant : « Au nom du Christ

pour la défense de son Église, je suis prêt à mourir. » Ce fut en priant ainsi qu'il reçut le second
coup ; le troisième l'étendit mort au pied de l'autel
de saint Benoît. Alors un des assassins lui mit le
pied sur le col, et fouillant de son épée la cavité du
crâne, il répandit la cervelle sur le pavé de l'église.
Ainsi mourut, le 29 décembre 1170, Thomas Becket,
ou plutôt saint Thomas de Cantorbéry ; car il fut
aussitôt canonisé par le pape, et la piété populaire
amena vers son tombeau une foule de pèlerins. Ce
meurtre, qui semblait assurer le triomphe de
Henri II, consomma sa défaite ; les Constitutions de
Clarendon disparurent, noyées dans le sang du
martyr.

La cour était en Normandie, à Argentan, célébrant, comme d'usage, les solennités de Noël,
lorsque la nouvelle de l'odieux sacrilége éclata
comme la foudre au milieu de cet appareil et de
ces fêtes. Nul ne fut plus atterré que le roi ; il dé-
chira ses vêtements en maudissant les traîtres qui
avaient abusé de son emportement, et, couvert d'un
cilice, il s'enferma pendant trois jours, refusant de
voir ses plus intimes serviteurs et de prendre aucune nourriture ; on put craindre quelque temps
pour sa raison. Cependant, à force de protestations
et de supplications, ses députés obtinrent qu'il ne
fût pas compris nominativement dans l'excommunication générale que le pape Alexandre lança

contre les auteurs et les complices de l'attentat; et pour calmer le trouble de sa conscience autant que pour détourner vers un autre objet l'agitation publique, Henri entreprit la conquête de l'Irlande. Malgré tous ses efforts et toutes ses victoires, son autorité trop profondément ébranlée ne put jamais se raffermir. Des révoltes éclatèrent; ses fils mêmes prirent les armes contre lui; signes certains et redoutables, suivant la commune opinion, de la colère du ciel : « Il y eut partout, dit Matthieu Pâris, des conjurations, des incendies, des rapines, et ce fut, comme on le croit fermement, pour venger le bienheureux martyr Thomas, que Dieu suscita contre le roi Henri ses propres entrailles, c'est-à-dire ses enfants, qui le poursuivirent jusqu'à la mort. »

Parmi les barons qui se distinguèrent alors comme adhérents de Henri Court Mantel, l'impatient héritier de la couronne, il faut citer surtout Robert, comte de Leicester, et Hugues Bigod, comte de Norfolk. Un jour que le roi reprochait publiquement au premier sa trahison, le fougueux vassal osa porter la main sur son épée et menacer la vie de son suzerain; mais il fut puni par la perte de sa ville, que le justicier, Richard de Lucy, prit et démantela. Cependant Robert, ayant levé en Normandie et en Flandre une grosse troupe de gens de pied et de cheval, débarqua en Angleterre,

fit alliance avec le comte de Norfolk, et, après avoir
pris et brûlé le château de Hageneth, il s'avança
rapidement pour secourir le château de Leicester,
qui tenait encore contre les troupes royales. Malheureusement pour lui, il fut surpris par l'armée
du comte d'Arundel, supérieure en nombre, et
forcé de se rendre avec la comtesse de Leicester,
une vaillante héroïne. Ce revers étonna d'abord les
autres rebelles; mais, l'hiver étant venu interrompre
le succès des armes royales, ils reprirent courage
et firent leurs dispositions pour la campagne suivante. Alors, en effet, Roger de Mowbray s'établit
dans le comté d'York, donnant la main aux Écossais, tandis que le comte de Norfolk, à la tête de
sept cents chevaliers et de quatorze mille hommes
venus de Flandre, se faisait livrer le château de Norwich, et frayait la voie au jeune Henri, qui n'attendait qu'un vent favorable pour passer de Gravelines
en Angleterre avec de nouvelles forces.

Tout à coup on apprit que le roi Henri, pressé
par l'évêque de Winchester, venait de s'embarquer
à Barfleur, suivi d'une flotte nombreuse qui portait
toute son armée de Normandie. Dans tout le
royaume on s'attendait à une grande bataille; mais
les esprits étaient partagés, tant le meurtre de
Thomas Becket avait soulevé de haine contre l'autorité royale. « Peu de temps après l'embarque-
ment, dit la chronique, le vent étant devenu con-

traire, les matelots doutaient que la traversée fût
possible ce jour-là. Mais le roi, au milieu de la
tempête, leva les yeux au ciel et dit à haute voix :
« Si le dessein que j'ai formé doit rendre la paix
aux clercs et au peuple, si le roi des cieux a résolu que mon arrivée soit le signal de la paix,
que sa miséricorde me conduise au port du salut.
Si, au contraire, il a décidé de châtier le royaume
d'Angleterre avec la verge de sa fureur, qu'il ne
m'accorde jamais de toucher les bords de ce
pays. » Lorsque le roi eut achevé cette prière,
les flots se calmèrent, et le jour même il aborda,
sans avoir éprouvé aucune perte, au havre de
Southampton. Ensuite, jeûnant au pain et à l'eau,
il s'abstint d'entrer dans aucune ville jusqu'à ce
qu'il eût accompli les vœux qu'il avait formés dans
son cœur en l'honneur du bienheureux Thomas,
archevêque de Cantorbéry et glorieux martyr. Dès
qu'il eut aperçu les tours de Christ-Church, il descendit de cheval, et dépouillant tous les insignes
de la majesté royale, il marcha nu-pieds, avec le
visage d'un pèlerin pénitent et humilié. Enfin, il
arriva à l'église cathédrale, et là, versant un tor-
rent de larmes avec des soupirs et des gémissements, ce nouvel Ézéchias se rendit au tombeau
du glorieux martyr. Il s'y prosterna la face contre
terre, et demeura longtemps en oraison, les mains
étendues vers le ciel. Cependant l'évêque de Lon-

dres faisait un sermon au peuple, et déclarait que
le roi, invoquant pour le salut de son âme Dieu et
le bienheureux martyr, protestait qu'il n'avait ni
ordonné, ni voulu, ni comploté la mort de l'archevêque. Mais, comme les meurtriers avaient pris
prétexte de quelques paroles échappées au roi par
imprudence pour accomplir leur forfait, Henri
demandait l'absolution à tous les évêques présents,
et soumettait sa chair nue à la discipline des
verges. Alors tous les ecclésiastiques, qui étaient
venus en grand nombre, donnèrent chacun trois
ou cinq coups sur les épaules du monarque. Après
quoi, dès qu'il eut repris ses vêtements, il honora
le martyr par des présents précieux, et assigna une
rente de quarante livres pour entretenir des cierges
autour de son tombeau. Il passa le reste du jour
et la nuit suivante, dans l'amertume du cœur, à
prier et à veiller, et, pendant trois jours encore, il
s'abstint de toute nourriture. Alors, comme il s'é-
tait rendu propice le bienheureux martyr, Dieu
voulut qu'en ce même jour de samedi, où il avait
fait pénitence, son ennemi Guillaume, roi d'Écosse,
devînt son prisonnier. Le même jour aussi, son fils
Henri, qui se préparait à passer en Angleterre
pour la subjuguer, vit ses vaisseaux dispersés,
presque engloutis, et fut forcé de retourner en

pénitence volontaire, non d'un lâche, mais

d'un vaillant et d'un victorieux, fit une grande impression sur une nation religieuse et ramena vers lui tous ceux qui avaient douté de la sincérité de son repentir. La rapidité même de ses premiers succès fut regardée comme une preuve que Dieu marchait avec lui. Tous les barons encore rebelles, Roger de Mowbray, les comtes de Clare et de Glocester, Norfolk lui-même, se hâtèrent d'acheter leur pardon en livrant au roi leurs châteaux et des otages; enfin les mercenaires flamands se trouvèrent trop heureux qu'on leur permît de repasser la mer. Ainsi se termina, comme par miracle, et presque sans combat, la plus redoutable insurrection qui ait menacé en Angleterre l'autorité royale sous le règne de Henri II. Mais vienne un prince lâche, impie, détesté comme Jean sans Terre, et Becket sera vengé par Langton, et les barons, héritiers de Leicester et de Norfolk, triompheront à Runningmead.

# CHAPITRE II.

Commencements de Jean sans Terre. — Il trahit son père Henri II et son frère Richard Cœur de Lion. — Despotisme et chute de Guillaume Longchamp. — Retour de Richard en Angleterre. — Soumission de Jean.

Henri Plantagenêt avait eu d'Aliénor d'Aquilaine cinq fils, Guillaume, Henri surnommé Court Mantel, Richard Cœur de Lion, Geoffroi et Jean. Devenu l'aîné par la mort prématurée de Guillaume, Henri fut de bonne heure associé au trône et couronné, sous les yeux de son père, comme roi d'Angleterre et duc de Normandie. La Touraine et l'Anjou revenaient de droit au premier-né des Plantagenêts; l'Aquitaine à Richard, la Bretagne à Geoffroi; Jean seul, le dernier venu, n'avait rien à attendre de cette riche succession; aussi les Anglais l'avaient-ils surnommé *Lackland*, c'est-à-dire *sans Terre*, et l'histoire a conservé ce surnom au roi lâche et malhabile qui recevait, à son avénement, l'Angleterre, l'Irlande, la moitié de la France, et qui mourut sans couronne, chassé du continent, étranger dans son royaume, détrôné par ses sujets.

Cependant son père et sa mère, Henri II et Aliénor, si hostiles l'un à l'autre, si divisés dans leurs amitiés et dans leurs haines, s'étaient singulièrement rencontrés pour mettre en lui toute leur complaisance. C'était pour lui que Henri II avait fait sa plus célèbre conquête; Jean avait douze ans tout au plus lorsque son père, en vertu d'une bulle du pape qui l'autorisait à conférer à l'un de ses fils la seigneurie de l'Irlande, investit solennellement le prince Jean de cette dignité, dans un grand conseil réuni à Oxford. Quelques années après, le jeune prince fut envoyé dans cette île pour faire l'épreuve de ses talents politiques et militaires; au bout de neuf mois, l'Irlande était en feu, les Anglais partout repoussés et la conquête manifestement compromise; Jean fut rappelé. Cette malheureuse expérience, qui devait éclairer la prudence du roi, ne put ébranler la partialité du père; Henri Court Mantel étant mort peu de temps auparavant, le bruit courut en Angleterre, et Richard fut autorisé à croire que la prédilection marquée de Henri II destinait la couronne au seul de ses fils qui ne se fût pas armé contre lui. L'âge seul, la faiblesse de ses moyens, et non la piété filiale, avaient empêché Jean d'être un rebelle comme ses frères; l'amour et la reconnaissance de son fils puîné fut une dernière illusion que le malheureux père ne put même pas emporter dans la tom¹

En 1188, une nouvelle guerre éclatait entre Henri II et Richard, soutenu par Philippe Auguste; le vieux roi fuyait de ville en ville, du Mans à Amboise, d'Amboise à Tours, et en même temps il faisait jurer au sénéchal de Normandie de remettre au prince Jean les châteaux de sa province. Enfin, comme il sentait venir l'heure de la mort, il s'arrêta pour obtenir de Philippe Auguste non pas une paix glorieuse, mais une trêve de quelques jours, qui lui permît de mourir en repos. Dieu voulut qu'il demandât la liste des barons qui s'étaient joints au roi de France : le premier nom qui frappa ses yeux fut celui de son fils Jean; il n'en lut pas davantage. Trois jours après, il expirait à Chinon, appelant la vengeance du ciel sur ses fils parricides, sur le dernier surtout, le plus ingrat et le plus lâche. La reine Aliénor triomphait. Les chroniques racontent que Richard, le cœur plein de remords, étant venu s'agenouiller près du corps de son père, le sang coula des narines du cadavre, et que Richard, saisi d'horreur, se prit à pleurer amèrement. Jean n'exposa pas son forfait à ce sinistre témoignage; il ne croyait devoir à la mémoire de son père ni ses larmes, ni ses prières, ni le remords de sa conscience.

Si Richard avait de grandes fautes à expier, il vait le cœur haut et chevaleresque; il partit bientôt pour cette fameuse croisade, où la gloire qu'il acquit parmi les chrétiens, et la terreur qu'il sema jusqu'au fond de l'Orient, effacèrent le pénible souvenir de ses premières années. Pendant son absence, les barons anglais, livrés à eux-mêmes, commencèrent à porter la main sur l'administration du royaume. Jean, sourdement hostile à son frère, comme il avait été rebelle à son père, bien loin de soutenir les droits de l'autorité royale, excitait dans l'ombre les chefs de l'aristocratie, préparant ainsi les chaînes dont les barons, par un juste retour, devaient, quelques années plus tard, le charger lui-même. Il sacrifiait la royauté, voulant être roi.

Deux obstacles le séparaient du trône où il aspirait à monter, Richard son frère, et son neveu Arthur de Bretagne, fils de Geoffroi; mais celui-ci n'était qu'un enfant, et Richard était bien loin : on avait vu si peu de gens revenir de la croisade! Celui qu'on avait appelé Jean sans Terre pouvait hardiment répudier ce surnom de mauvais augure; comte de Mortagne en Normandie, comte de Cornouailles, de Dorset, de Somerset, de Glocester, de Derby, de Lancastre, de Nottingham, en Angleterre, il possédait environ le tiers du royaume. Mais la dédaigneuse libéralité de Richard qui, pour condescendre aux prières de la vieille reine Aliénor, lui avait fait cette riche fortune, n'avait eu garde de confier à ses mains suspectes le dépôt de l'autorité royale.

Un Normand de naissance obscure, Guillaume Longchamp, rapidement porté par la faveur du maître au faîte des honneurs, chancelier d'abord, puis évêque d'Ely, justicier d'Angleterre, enfin légat du saint-siége, avait reçu les pleins pouvoirs du roi partant pour la croisade. Orgueilleux, insolent et avide, cet homme qui, suivant l'expression d'un chroniqueur, « était à la fois le roi et le pontife de l'Angleterre, » déployait un faste indigne d'un évêque; jamais il ne voyageait qu'entouré d'hommes d'armes, suivi de quinze cents cavaliers et d'une foule de clercs. Pour alimenter un tel luxe, églises, abbayes, châteaux, manoirs, tout passait, tout fondait entre ses mains; enfin, il n'est sorte de pratiques infâmes où Guillaume Longchamp n'abaissât toutes ses dignités : le ministre de Richard Cœur de Lion, le représentant du souverain pontife se fit usurier : il prêta au mois! Quelque redoutable que fût le despotisme de cet homme, les barons indignés résolurent de le renverser à la première occasion : c'était là que Jean les avait attendus. Des espions, qu'il avait auprès de Richard, l'avertissaient que, dans ses relations avec le pape et le roi de Sicile, Richard désignait Arthur comme l'héritier présomptif du trône. Chasser le régent avec l'aide des barons et se mettre à

sa place, tel était le projet du prince; de la régence
à la royauté, le pas lui semblait facile à franchir.
Le début fut heureux; tandis que Longchamp assiégeait dans Lincoln un certain Gérard de Camville, qui avait encouru sa disgrâce, Jean, à la tête
d'une armée nombreuse, surprit deux forteresses
importantes; pris au dépourvu, le régent se vit
forcé de capituler; on convint qu'un certain nombre de châteaux seraient livrés à la garde de plusieurs barons, pour être remis au comte Jean, si
le roi venait à mourir.

Ce premier succès enhardit les conjurés, à qui
l'imprudence du chancelier donna bientôt une victoire complète. Un fils naturel de Henri II, nommé
Geoffroi, avait été nommé à l'archevêché d'York;
mais la mauvaise volonté de Richard l'avait empêché jusque-là de prendre possession de son siége.
Encouragé par les barons et soutenu par le pape,
il se fit sacrer par l'archevêque de Tours; après
quoi il partit pour l'Angleterre et débarqua à Douvres. Mais le chancelier avait pris contre lui les
dispositions les plus menaçantes. Accueilli comme
un rebelle et sans moyens pour se défendre, l'archevêque s'était réfugié dans le prieuré de Saint-
Martin, au pied des autels. Après un siége de quelques jours, l'enceinte sacrée fut forcée, l'église
envahie par une multitude armée d'épées et de
bâtons, le prélat, l'étole au cou et la croix à la

main, arraché violemment du sanctuaire, traîné
par les jambes, sa tête heurtant le pavé, jusqu'au
château de Douvres. Mais alors les barons et le
clergé s'émurent, et Longchamp effrayé rendit la
liberté au captif.

Il était trop tard. Jean, se prenant tout à coup
d'une belle affection pour ce frère, qu'il avait renié
jusqu'alors, écrivit à tous les évêques et à tous les
barons de se trouver réunis au pont de Loddon,
entre Reading et Windsor, le premier samedi après
la fête de saint Michel, pour aviser aux grandes et
difficiles affaires du roi et du royaume. En vain le
régent s'efforça de détourner l'orage sur la tête du
prince, dont il accusait l'ambition et les secrètes
menées; cette grande conjuration, fomentée par le
comte Jean, prétendant à la couronne d'Angleterre, tint ses assises presque au même lieu où,
vingt-cinq ans plus tard, le roi Jean devait subir la
volonté des mêmes barons et des mêmes prélats,
fondateurs de la Grande Charte. D'abord les évêques, solennellement réunis, lancèrent l'excommunication la plus terrible, à la lueur des cierges,
contre tous ceux qui, de près ou de loin, avaient
pris part au sacrilége attentat commis sur la personne de l'archevêque d'York; puis, devant tous
les barons, fut produite une certaine charte royale,
dont l'histoire peut à bon droit suspecter l'origine,
mais qui n'en est pas moins une pièce importante

dans ce grand procès engagé entre la royauté et l'aristocratie féodale. « Le roi, dit Matthieu Pàris, écrivait en ces termes aux nobles d'Angleterre : « Le roi Richard à Guillaume Marshall, à Geoffroi « Fitz-Peter, à Henri Bardolf et à Guillaume Briwere, « salut. S'il arrive que notre chancelier, à qui nous « avons confié le gouvernement de notre État, ne « s'acquitte pas fidèlement de ses devoirs, nous or- « donnons que vous décidiez comme vous l'enten- « drez de toutes les affaires du royaume. » Une autre lettre, adressée aux mêmes barons, enjoignait aux membres du conseil de régence de prendre en toutes choses l'avis de Guillaume, archevêque de Rouen. Ainsi se trouvait garantie l'alliance de la noblesse et du clergé.

Le chancelier cependant avait rassemblé une armée formidable ; mais le cœur lui faillit au mo- ment d'agir : abandonnant ses troupes à Windsor, où il ne se croyait pas en sûreté, il essaya d'in- téresser à sa cause les bourgeois de Londres, qui lui montrèrent un visage hostile ; à peine eut-il le temps de se jeter dans la Tour, qu'il avait fortifiée. Déjà les barons se présentaient aux portes de la ville ; il y eut là quelque tumulte ; des chevaliers de la suite du chancelier, armés de toutes pièces, se jetèrent l'épée nue sur le comte Jean et lui tuè- rent ou blessèrent un peu de monde. Mais, le comte et les barons ayant juré d'être fidèles à Richard et de maintenir les franchises de la Cité, les bourgeois firent cause commune avec eux, et les rares défenseurs du chancelier ne songèrent plus qu'à se perdre dans la foule.

Le lendemain, le comte Jean, les deux archevêques, les évêques, les barons et les comtes se réunirent dans l'église de Saint-Paul avec le chancelier lui-même; après de longs débats, tous les membres de l'assemblée sans exception, Jean le premier donnant l'exemple, jurèrent fidélité au roi Richard. Le jeudi suivant, une conférence eut lieu dans la partie orientale de la Tour; on y déclara d'une commune voix qu'on ne pouvait plus souffrir la domination d'un homme qui traînait à l'ignominie l'Église de Dieu et le peuple à la misère. « Car le chancelier et ses satellites avaient tellement pillé les richesses du royaume, qu'aux chevaliers ils avaient enlevé leurs baudriers brodés en argent, aux femmes leurs colliers, aux nobles leurs anneaux d'or, aux juifs leurs marchandises précieuses. Ils avaient à ce point vidé le trésor même du seigneur roi, qu'au bout de deux ans à peine, on n'avait plus rien trouvé que les clefs aux cassettes et des sacs vides dans les coffres. » Il fut résolu en conséquence que tous les châteaux dont le chancelier avait arbitrairement confié la garde à ses satellites seraient remis aux barons, à commencer la Tour de Londres.

Guillaume Longchamp, ayant juré d'obéir à toutes ces décisions, quitta la Tour avec toutes ses richesses, le jeudi de la semaine suivante, et se rendit à Bermundshea, de l'autre côté de la Tamise. Ses deux frères Henri et Osbert restaient comme otages, et lui-même avait juré de ne point sortir du royaume avant que la remise de tous les châteaux fût accomplie. « Il se rendit ensuite à Cantorbéry, où il déposa, pour prendre le signe du sacré pèlerinage, la croix de légat qu'il avait portée un an et demi, depuis la mort du pape Clément, au grand préjudice de l'Église de Rome et de celle d'Angleterre. Cela fait, il se dirigea vers Douvres, accompagné de l'évêque Gilbert et de Henri de Cornouailles, vicomte de Kent. Là, dans l'espoir de tromper les yeux des matelots, il imagina une ruse nouvelle et peu digne; d'homme il se fit femme, et changea le vêtement sacerdotal pour l'habit d'une coureuse, une robe verte, une cape de même couleur, un voile sur la tête; puis il descendit vers la mer, portant, comme une marchande, une pièce de toile sous le bras. Ainsi accoutré, le prélat s'était assis sur une pierre du rivage, attendant un vent favorable. Un matelot s'approcha; voyant une femme, il voulut badiner avec elle; mais quelle surprise! cette femme portait un haut-de-chausses. Lui aussitôt de crier : « Venez, venez tous! une « chose prodigieuse, un homme en femme! » La

foule accourt, se presse autour de la fausse marchande : on lui demande malignement le prix de
la toile qu'elle porte avec elle. Point de réponse;
le malheureux Normand ne sait pas un mot d'anglais. Là-dessus les femmes se concertent, s'ani-
ment, et, soupçonnant quelque ruse, elles sou-
lèvent le voile qui lui cache le bas de la figure; à
peine ont-elles aperçu ce visage noir, cette barbe
fraîchement rasée, qu'elles se mettent à vociférer
à leur tour : « Holà! ici! lapidons ce monstre qui
« déshonore votre sexe et le nôtre. » Aussitôt il se
fait un grand concours d'hommes et de femmes;
on lui arrache son voile; on le renverse, on le
traîne ignominieusement par les manches, par le
capuce, tout meurtri, sur le sable et sur les
pierres. Ses serviteurs accourent pour délivrer leur
maître : impossible. La populace, avec une joie
féroce, ne se lasse pas de le poursuivre de place
en place, de rue en rue; les injures, les soufflets,
les crachats pleuvent sur lui; pour en finir, on
l'enferme dans une cave sous la prison de la ville.
Plût à Dieu, ajoute le moine chroniqueur, que
l'homme seul eût souffert des outrages du peuple,
et que la dignité sacerdotale eût été respectée!
Celui qui avait traîné l'archevêque d'York fut
traîné de même sorte; celui qui l'avait saisi, en-
é, emprisonné, fut saisi, enchaîné, empri-
à son tour, afin qu'à l'énormité du crime

fût mesurée la grandeur du châtiment. Enfin,
après avoir ainsi compromis les otages et violé son
serment de ne pas sortir du royaume avant que les
châteaux fussent rendus, le chancelier passa la
mer et se retira en Normandie. »

C'était une chute mortelle pour la vanité du personnage ; il eut cependant l'audace de reparaître,
encouragé sans doute par le comte Jean, avec lequel il renoua de secrètes intrigues. Cette révolution, qui comblait les vœux de la nation anglaise,
avait plutôt entravé que servi les projets de l'ambitieux fils d'Aliénor. Ce n'était pas pour se voir
forcé, par deux fois, de prêter un serment solennel de fidélité au roi Richard, que Jean sans Terre
avait poussé à la ruine du chancelier Longchamp.
Il est vrai, d'un autre côté, qu'en renversant le
despotisme du chancelier Longchamp, la nation
anglaise n'avait pas entendu travailler pour le despotisme de Jean sans Terre. Elle voulait mettre un
frein à l'autorité de Richard, mais elle aimait ses
qualités brillantes ; elle jouissait de la gloire in-
comparable que la valeur du roi chevalier faisait
rejaillir sur l'Angleterre aux yeux de l'univers
chrétien et musulman.

Cet amour se manifesta d'une manière éclatante
lorsqu'on apprit tout à coup que, jeté par la tempête sur les côtes de Dalmatie, Richard était retenu
prisonnier en Allemagne. L'élan fut universel ; le

clergé, les barons, le peuple, tous renouvelèrent spontanément leur serment d'allégeance ; de toutes parts, on donnait, on recueillait de l'argent pour la rançon de l'illustre captif. Un seul homme se réjouissait ouvertement du malheur qui frappait son roi, son frère. A la première nouvelle de cette catastrophe, Jean s'était rendu en toute hâte à Paris, auprès de Philippe Auguste, et lui avait fait hommage pour les possessions continentales de la couronne d'Angleterre ; puis, tandis que le roi de France envahissait la Normandie jusqu'à Rouen, il était retourné à Londres avec une troupe de mercenaires, espérant enlever, par surprise ou par intimidation, cette couronne tant convoitée. Mais, suivant le mot de Richard, qui connaissait bien la lâcheté de son frère, « Jean n'était pas homme à réussir par la force quand la force lui était opposée. » La vue seule de l'étendard royal, que tenaient haut et ferme les prélats et les barons, fit évanouir ses velléités belliqueuses ; il se rejeta dans l'intrigue. De concert avec son allié Philippe Auguste qui, lui du moins, était dans son rôle de roi de France, il offrit à l'avide empereur d'Allemagne, Henri VI, de lui garantir une somme plus forte que celle qui avait été fixée pour la rançon du roi d'Angleterre, ou de lui payer mille livres par chaque mois d'emprisonnement. La loyauté des barons allemands mit un terme à ces honteuses négociations ; Richard fut libre.

Une foule considérable l'attendait au port de Sandwich ; de Sandwich à Cantorbéry, où il visita pieusement le tombeau du bienheureux Thomas, et de Cantorbéry à Londres, son voyage fut un triomphe. Jean n'avait plus un seul adhérent dans le royaume ; de ses nombreux châteaux, celui de Nottingham seul fit quelque résistance. Cependant, avant de le poursuivre sur le continent où il s'était réfugié, Richard, devant le grand conseil du royaume réuni à Nottingham, l'accusa solennellement de trahison, ainsi que l'évêque de Coventry, Hugues, son conseiller intime ; l'un et l'autre furent sommés de comparaître dans un délai de quarante jours, sous peine de proscription et de confiscation. Pendant ce temps, Richard, cédant au conseil des grands de son royaume, se fit couronner de nouveau à Westminster par Hubert, archevêque de Cantorbéry. Enfin, le délai fatal étant expiré sans que le prince accusé de trahison et son complice se fussent présentés devant le conseil, le roi s'embarqua à Portsmouth et passa en Normandie.

Au moment où il abordait, un homme était à genoux sur le rivage, les mains tendues vers lui, et pleurant amèrement, non de honte, mais de terreur. Jean se frappait la poitrine, accusant un peu sa faiblesse, beaucoup les mauvais conseils, plus

encore la fatalité et ce qu'il appelait hardiment l'o-
pinion commune ; il n'avait pu, disait-il, agir autrement : on croyait que le roi ne reviendrait pas. Richard, cœur généreux, releva son frère en pleurant,
et lui pardonna ; il parut même lui rendre sa bienveillance, sinon sa confiance et son estime. Jean
n'était qu'à moitié satisfait ; non pas qu'il regrettât
l'estime et la confiance de son frère, mais il se
retrouvait encore une fois Jean sans Terre, et il
regrettait ses châteaux, que Richard avait nettement
refusé de lui rendre. Cependant, un peu plus tard,
il les recouvra, grâce à l'influence de la vieille reine
Aliénor.

# CHAPITRE III.

Parabole du roi Richard contre les ingrats. — Mouvement saxon à
Londres. — Tentative et mort de Guillaume Longue Barbe. — Histoire de l'évêque de Beauvais. — Mort de Richard.

Pendant les dernières années du règne de Richard, Jean ne chercha qu'à se faire oublier dans
le mépris universel; son ingratitude, dont il ne
pouvait effacer le souvenir, était pour lui le sujet
de continuelles angoisses auprès d'un prince qui
haïssait profondément les ingrats, et qui répétait
sans cesse qu'il était plus facile de susciter la géné-
rosité dans l'instinct des bêtes féroces que dans
l'âme de certains hommes. A ce sujet, Richard se
plaisait à raconter un apologue, ou, selon le langage du temps, une parabole qui allait droit à l'a-
dresse du comte Jean :

« En ce temps-là, il arriva à un certain citoyen
de Venise, homme riche et avare, une aventure
qui mérite bien d'être rapportée, pour confondre
la multitude des ingrats. Ce citoyen, nommé Vitalis, étant sur le point de marier sa fille, et voulant
donner un splendide festin, s'en alla chasser dans

une forêt vaste et déserte qui s'étendait jusqu'à la
mer. Comme il errait seul à travers les fourrés et
les ravins, l'arc tendu, la flèche prête, cherchant la
piste de quelque bête fauve, il tomba tout à coup
dans une fosse, piége habilement préparé pour les
lions, les ours et les loups. L'orifice était étroit,
et l'excavation allait en s'élargissant jusqu'à une
grande profondeur, si bien qu'il lui était impossible de remonter et de sortir. Or, il trouva au fond
de cette fosse, victimes du même accident, un lion
et un serpent énorme; mais, bien qu'affamés et
cruels, ils ne firent aucun mal à Vitalis, qui s'était
hâté de faire le signe de la croix. Il demeura donc
là toute la nuit et le jour suivant, criant, gémissant, déplorant la mort ignominieuse qui l'attendait.

« Cependant il arriva qu'un pauvre charbonnier,
qui s'en allait ramassant çà et là des brins de bois,
entendit des cris et des plaintes qui semblaient sortir de dessous terre; en suivant la direction de la
voix, il vint jusqu'au bord de la fosse, et s'effor-
çant d'y voir quelque chose : « Qui es-tu? dit-il;
« qui est celui que j'entends? » Vitalis, ranimé et
joyeux au delà de toute expression, répondit vivement : « Je suis le malheureux Vitalis, Vénitien,
« qui, ne sachant rien de ces piéges et de ces fos-
« ses, suis tombé dans ce trou, pour être la proie
« des bêtes féroces. Je meurs de faim et de peur;

« car il y a ici deux animaux dont j'ai grande
« frayeur, un lion et un serpent; mais, jusqu'à
« présent, avec l'aide du Seigneur, au nom de qui
« je me suis signé, ils ne m'ont fait aucun mal. Dieu
« m'a conservé pour faire ton bonheur; tire-moi
« d'ici, et tu t'en trouveras bien; je te donne la
« moitié de mes richesses, cinq cents talents, car
« j'en ai mille.—Si les faits répondent aux paroles,
« repartit le pauvre homme, je ferai ce que tu
« souhaites. » Aussitôt Vitalis se hâta de confirmer
sa promesse par une foule de grands serments,
prenant Dieu pour témoin et caution de sa parole.
Et, pendant qu'il parlait ainsi, le lion agitait sa
queue et bondissait allègrement, le serpent sifflait
doucement et roulait tous ses anneaux avec grâce,
comme pour flatter le pauvre homme et obtenir de
lui d'être délivrés ainsi que Vitalis.

« Le charbonnier, courant en toute hâte à sa cabane, s'y munit rapidement d'une échelle et des
cordes qu'il jugeait nécessaires, revint tout seul à
la fosse et y descendit l'échelle. En un clin d'œil,
franchissant à l'envi les échelons, le lion et le serpent furent aux pieds du pauvre homme, se roulant joyeusement autour de lui, comme pour le
remercier de leur délivrance. Mais lui, ayant tendu
la main à Vitalis pour l'aider à monter, il l'embrassa en disant : « Vive cette main! ah! je suis
« bien joyeux, car j'ai mérité que mes vœux soient

« comblés! » Et il lui servit de guide jusqu'à ce qu'il
eût reconnu son chemin. Au moment où Vitalis
s'éloignait, le pauvre Sylvain lui dit : « Où et quand
« vous acquitterez-vous envers moi? — Dans quatre
« jours, répondit Vitalis, à Venise, dans mon pa-
« lais qui est bien connu et facile à trouver. »

« Sylvain retourna à sa cabane pour y prendre
quelque nourriture. Comme il était à table, voici
que le lion qu'il avait sauvé entra dans la cabane,
apportant un jeune faon, qu'il déposa sur la table
avec beaucoup de grâce et de soumission; c'était
l'offrande qu'il présentait à son libérateur, en souvenir de son bienfait; puis, tout caressant, sans ru-
gir, et prenant bien garde de rien heurter, il sortit.
Sylvain suivit le fier animal qui se jouait devant lui
et lui léchait les pieds, afin de savoir où était sa tanière; car il était tout ébahi de la si grande mansuétude de ce lion : puis il revint pour achever son
repas. Et tandis qu'il mangeait, voici que se montre le serpent qu'il avait délivré, portant dans sa
gueule une pierre précieuse qu'il offre à Sylvain,
comme à son libérateur, et qu'il pose sur un plat;
puis, roulant et déroulant ses élégants anneaux, il
se joue gracieusement devant lui, comme pour le
remercier du service qu'il lui a rendu; enfin, avec
un sifflement plein de douceur, il se retire, sans
rien gâter. Sylvain, dans une nouvelle admiration,
le suit également afin de savoir où est sa caverne.

« Deux ou trois jours s'étant écoulés, Sylvain, ayant pris avec lui la pierre précieuse que le serpent lui avait apportée, se rendit à Venise, pour recevoir la récompense promise par Vitalis. Il le trouva festoyant avec ses voisins, en réjouissance de son heureux retour. Sylvain l'ayant pris à part et lui parlant bas, car il feignait d'être un étranger pour lui : « Rendez-moi, lui dit-il, ce que vous me devez. » Mais l'autre, le regardant de travers, lui répondit : « Qui es-tu? que demandes-tu? — Cinq cents ta- « lents, reprit le pauvre homme, que vous m'avez « promis, suivant nos conventions, pour le bien « que je vous ai fait. — Ah! bien, dit Vitalis, à ce « compte, tu jouirais tout doucement des richesses « que j'ai amassées après tant d'années de labeurs! » Et il ordonna à ses gens de saisir ce fou, dont l'audace méritait la prison. En entendant cet ordre, Sylvain fit un bond en arrière, s'élança hors de la maison, et courut au tribunal où il raconta toute son histoire aux juges de la cité. Ceux-ci ne paraissant pas disposés à le croire, il montra la pierre précieuse que le serpent lui avait donnée en témoignage de sa gratitude; et sur-le-champ un des citoyens, qui savait apprécier la valeur de cette pierre, la lui paya un fort grand prix. Mais, pour mieux convaincre tout le monde, Sylvain conduisit quelques-uns des citoyens aux retraites du lion et du serpent, qui firent de nouvelles caresses à leur libérateur. Convaincus désormais de la vérité du fait, les juges de la cité contraignirent Vitalis à payer ce qu'il avait promis et à donner satisfaction à Sylvain pour l'injure qu'il lui avait faite. Voilà, ajoute Matthieu Pàris, ce que racontait le magnifique roi Richard pour confondre les ingrats. »

Richard était un véritable Plantagenêt, un homme du continent; comte d'Anjou et duc de Normandie avant tout, l'Angleterre n'était pour lui, comme pour le chef de la dynastie normande, qu'une terre conquise, un *acquêt*, en style féodal, une simple annexe à ses possessions d'outre-mer; mais celles-ci, menacées sans cesse par l'ambition de Philippe Auguste, étaient incapables de supporter les frais d'une pareille lutte, et l'Angleterre, appauvrie par la croisade, par les rapines du comte Jean, par la rançon du roi, s'épuisait en contributions pour une guerre où elle ne se sentait point intéressée. Jamais, depuis le temps de la conquête, l'oppression n'avait été plus lourde, les exactions plus iniques, le fisc plus ingénieux ni plus rapace; en moins de deux ans, le régent Hubert, archevèque de Cantorbéry, leva pour le roi l'énorme somme de onze cent mille livres. Un demi-siècle plus tôt, c'eût été l'occasion d'un soulèvement par toute l'Angleterre; mais le temps et l'habileté normande avait fait brèche dans la vieille phalange saxonne; la masse nationale perdait chaque jour quelque adhérent, aussitôt admis, traité, choyé dans le camp du vainqueur, prenant sa part, quoique tard venu, des immunités et des bénéfices de la conquête. Le transfuge par découragement devenait complice par intérêt. En peu de temps, ce fut une défection générale.

Cependant il se trouvait encore des familles anciennes et vénérées qui repoussaient avec indignation cette fusion des deux races, cette assimilation des vaincus aux vainqueurs, faite aux dépens des petits et des pauvres. Un homme surtout se distinguait par son zèle pour la population saxonne, dont il se proclamait l'avocat; c'était un citoyen de Londres, Guillaume Fitz-Osbert, plus connu sous le nom de Guillaume Longue Barbe, parce qu'à l'exemple de ses pères, et en haine des Normands, il négligeait de se raser le visage. Tout en lui annonçait le chef de parti, la taille, la prestance, la vigueur, le courage, la parole chaleureuse et vive; mais ce Saxon, noble de race et justement considéré, ne mérite pas d'être regardé comme un démagogue vulgaire. Un jour, dit Matthieu Pâris, il s'éleva dans la Cité de Londres une grande querelle entre les pauvres et les riches, au sujet d'un taillage que les officiers du roi exigeaient au grand avantage du fisc. Car les principaux de la Cité, que nous appelons maire et aldermen, ayant conféré ensemble dans leur *husting*, voulurent s'exempter de toute charge, ou du moins alléger singulièrement leur fardeau, en le rejetant tout entier sur les plus pauvres. Guillaume leur fit une vive opposition, non pas qu'il contestât la légalité du subside, non plus que la nécessité de la guerre où le roi se trouvait engagé; mais il soutenait que la résolution des magistrats, pour la répartition de l'impôt, était inique, et que la richesse ne pouvait constituer pour personne un privilége d'exemption. Il fit plus : comme le roi Richard était sur le continent, il passa la mer, et porta la question devant le souverain lui-même.

Richard lui fit un accueil favorable, et le renvoya comblé de promesses qu'il oublia de tenir. Cependant les principaux de Londres avaient persisté dans leurs desseins; Guillaume s'écria que les chefs de la ville étaient traîtres au roi leur seigneur. Ce fut le signal d'une sédition redoutable. Cinquante-deux mille hommes, de basse ou de médiocre condition, prirent les armes et se confédérèrent, avec serment d'être fidèles aux ordres de leur *avocat*. Un mot, le moindre incident, pouvaient allumer l'incendie, provoquer le massacre et le pillage; mais tandis que, retranchés dans leurs maisons, les riches bourgeois se préparaient à soutenir l'assaut, l'archevêque de Cantorbéry, haut justicier d'Angleterre, parut au milieu des confédérés et, par un discours habile, réussit à semer parmi eux le dé-

couragement et la défiance; au bout de quelques
instants, la multitude se dispersait, laissant aux
mains de l'archevêque des otages pour garantir la
paix du roi, et abandonnant son chef à l'animosité
des Normands et des magistrats de la Cité.

Déjà Guillaume Longue Barbe était cerné par les
gens du roi, lorsque s'élançant, un poignard à la
main, il parvint à s'ouvrir un passage jusqu'à l'é-
glise de Sainte-Marie des Arcs. Une fois dans cet
asile, il essaya de parlementer, invoquant la paix
et la protection du Seigneur, de la bienheureuse
Vierge Marie et de la sainte Église, affirmant qu'il
n'avait résisté à l'inique volonté des puissants que
pour assurer à tous une charge égale et forcer chacun à contribuer selon ses moyens. Mais, comme
on ne l'écoutait pas et que le parti des grands
avait le dessus, l'archevêque, à la grande consternation de la foule, ordonna qu'il fût violemment
arraché de l'église, afin de subir le jugement qu'il
avait mérité comme fauteur de sédition et pertur-
bateur de la paix publique. A cette nouvelle, Guillaume se jeta en toute hâte dans la tour de
l'église; les assaillants y mirent le feu, sans égard
pour le droit d'asile ni pour la sainteté du lieu,
qui fut brûlé en grande partie. A moitié suffoqué
par la chaleur et la fumée, Guillaume, forcé de se
rendre, fut saisi, dépouillé de ses vêtements, et,
les mains liées derrière le dos, les pieds attachés,

traîné violemment jusqu'à la Tour de Londres. Mais aussitôt l'archevêque, pressé par les chefs des bourgeois et les officiers royaux, le fit enlever de la Tour, lier à la queue d'un cheval, et traîner par la ville jusqu'aux ormes de Tyburn, où on l'attacha au gibet avec une chaîne de fer; neuf de ses voisins et de ses gens, qui avaient servi particulièrement sa cause, furent pendus avec lui.

« Ainsi, ajoute Matthieu Pâris, ainsi fut livré à une mort ignominieuse, et par ses concitoyens, Guillaume, surnommé Longue Barbe, pour avoir soutenu la vérité et pris la défense des pauvres. S'il est vrai que la cause fait le martyr, on peut le compter justement au nombre des martyrs. » Ce fut l'opinion du peuple, qui l'avait laissé périr et qui le révéra comme un saint; le gibet qui avait été l'instrument de son supplice fut mis en pièces, et les morceaux conservés comme des reliques. On regarda même comme sacrée la terre que ses derniers pas avaient foulée : la piété des Saxons y fit une excavation profonde que les Normands se hâtèrent de combler ; mais il fallut employer la force pour faire cesser ce pélerinage national et ces démonstrations hostiles à la race conquérante. Cependant on sacrifia une victime, et la plus haute des ... ; au ressentiment populaire ; l'archevêque ..., le ministre de tant d'exactions, le prélat ...ateur des droits du sanctuaire, qui avait allumé l'incendie d'une église, se retira bientôt du gouvernement. Geoffroi Fitz-Peter le remplaça comme grand justicier.

L'émotion populaire causée par Guillaume Longue Barbe fut à peu près le dernier tressaillement de la nationalité saxonne; les temps approchaient où, confondues sous un despotisme égal, les deux races allaient revendiquer en commun les mêmes droits et les mêmes libertés. L'odieuse et absurde tyrannie de Jean sans Terre contribua plus à la fusion des Saxons et des Normands que la domination plus intelligente de ses prédécesseurs.

Dans les dernières années de son règne, Richard avait tiré son frère de l'humiliante inaction où il vivait, et l'avait envoyé sur le continent ravager les terres du roi de France. Jean se trouvait en digne compagnie avec les routiers provençaux Markade et Lupercaire, gens de sac et de corde, qui ne comptaient pour rien le meurtre, le pillage ni l'incendie. Il y a dans le récit, fort peu intéressant d'ailleurs, de cette guerre de course, un épisode qui peint bien le caractère de cette singulière époque, où les limites du sacré et du profane étaient si peu marquées.

Les routiers en voulaient surtout à l'évêque de Beauvais, Philippe, et à son archidiacre, qui, transgressar' "l ne convenait les bornes de leur état, sidûment aux entreprises guer'

rières et faisaient grand dommage au roi Richard.
Un jour, Markade et Lupercaire firent une chevau-
chée jusqu'aux portes de Beauvais, pillant et tuant
tout sur leur passage. L'évêque et l'archidiacre, indignés d'une telle audace, s'armèrent de pied en
cap et sortirent contre eux avec une grande troupe
de chevaliers et de bourgeois. Dans le combat, les
Français eurent le dessous, et tous les personnages
de marque furent forcés de se rendre; le prélat et
son compagnon étaient du nombre. Markade les
conduisit tout armés au roi Richard, en lui disant
dans son jargon provençal : « *Prins ai le canthathur
e le respondethur*; j'ai pris l'homme aux cantiques
et l'homme aux répons; tenez-les et gardez-les
bien, si vous pouvez. » Le pape, à qui le chapitre
de Beauvais adressa des plaintes amères, écrivit ami-
calement au roi Richard pour demander la liberté
de l'évêque, que dans sa lettre il appelait son très-
cher frère, son très-cher fils, le très-cher fils de
l'Église. Le roi, par déférence pour le pape, fit
enlever à l'évêque sa cuirasse, et l'envoya à Rome
avec ces mots : « Voyez si c'est la tunique de votre
fils, ou non. » A quoi le pape répondit : « Celui-
ci n'est pas mon fils ni le fils de l'Église; qu'il soit
[ra]nçon suivant le bon plaisir du roi, puis-
[qu'il] s'est fait plutôt le soldat de Mars que le sol-
[dat d]u Christ. » C'est le même évêque de Beauvais
[qu]i, venu sans doute à résipiscence après une lon-

gue captivité, combattait à Bouvines, non avec une
épée, mais avec une masse d'armes dont il assom-
mait ses adversaires, afin de ne pas verser le sang
contrairement aux canons. Il aurait dû prendre
modèle sur l'évêque de Senlis, Guérin, qui, d'une
conscience moins accommodante ou moins subtile,
se contentait de ranger les troupes en bataille et
de diriger leurs mouvements.

On remarquera, dans le récit de ce coup de
main, que Jean, chef désigné de l'expédition, dis-
paraît complétement. C'est sur Markade que retombe
tout le poids de l'entreprise; c'est à Markade qu'en
revient tout l'honneur; c'est lui qui conçoit et qui
exécute; c'est lui qui donne au roi l'évêque et l'archidiacre. Si Richard n'avait eu d'autre but que de
mettre en relief la lâcheté et l'impéritie de son
frère, l'épreuve était complète. Toutefois, il ne paraît pas que Richard ait souhaité un pareil résultat.
La persévérance de la reine Aliénor avait triomphé; en même temps qu'elle réconciliait ses deux
fils, elle travaillait à bannir de l'affection du roi le
jeune Arthur de Bretagne, son neveu, un enfant
de douze ans, qu'il avait naguère déclaré son héritier. Il est vrai de dire que par ses caprices, la lé-
gèreté de sa conduite, et surtout la partialité qu'elle
montrait pour Philippe Auguste, le rival abhorré
de Richard, Constance, mère du jeune prince,
aidait imprudemment aux efforts de la vieille reine.

Cependant le roi d'Angleterre, vigoureux, dans la force de l'âge, l'âme et le corps fortement trempés, avait encore, selon toute apparence, une longue carrière à fournir, lorsqu'au pied d'un obscur château du Limousin la flèche d'un obscur archer précipita dans la poussière la couronne qui semblait affermie sur cette illustre tête.

# CHAPITRE IV.

En voyant rouler à ses pieds, par un coup de la
fortune, cette couronne, objet de ses criminelles
tentatives, Jean s'élança comme une bête fauve sur
une proie longtemps convoitée. On disait d'ailleurs
qu'au moment d'expirer Richard lui avait solennellement légué son héritage. Quoi qu'il en soit, la
cause du jeune Arthur, fondée sur le droit de représentation, puisqu'il représentait Geoffroi, frère
aîné de Jean sans Terre, ne paraît pas avoir suscité
d'abord beaucoup de sympathies. Nul, dans le
camp, ne s'éleva contre l'usurpateur; les routiers,
qui le connaissaient de longue date, reçurent ses
présents et se réjouirent; ce roi leur appartenait.
En Angleterre, les nobles, dont l'adhésion semblait
d'abord douteuse, ayant reçu du grand justicier

et de l'archevêque de Cantorbéry l'assurance que le comte Jean leur ferait bonne justice, n'hésitèrent pas à lui donner leur foi. Le continent ne se montra pas si facile : ce fut dans le berceau même des Plantagenêts que naquit la résistance ; l'Anjou, patrimoine de ses ancêtres, protesta le premier contre un tel maître, honte et fléau de sa race.

Tandis que Jean courait en toute hâte à l'importante forteresse de Chinon, où Richard avait déposé ses trésors, Thomas de Fournais donnait le signal en proclamant, dans la ville et le château d'Angers, Arthur, comte de Bretagne. A son exemple, les nobles d'Anjou, du Maine et de Touraine reconnurent le jeune prince pour leur seigneur lige, déclarant que le droit et la coutume de ce pays voulaient qu'Arthur, fils du frère aîné, succédât à son oncle dans le patrimoine et dans l'héritage qui lui étaient dûs, puisque Geoffroi, son père, aurait recueilli cette succession s'il avait survécu au roi Richard. En même temps, Constance vint trouver à Tours le roi de France et lui confia son fils, qui fut envoyé à Paris sous bonne escorte, tandis que Philippe Auguste prenait en sa garde toutes les villes et châteaux qui appartenaient à Arthur.

Cependant le comte Jean et Aliénor, suivis de nombreuses, hâtèrent leur vengeance ; de la du château du Mans, il ne resta pas pierre pierre ; Angers fut livré au routier Markade, c'est tout dire. Ayant ainsi marqué son avénement, Jean fit son entrée dans la capitale de la Normandie, qui resta paisible; le 25 avril 1199, il reçut des mains de l'archevêque l'épée et la couronne ducale; un mois après, il était à Londres, en présence des archevêques, des évêques, des comtes, des barons, de tous ceux enfin qui devaient assister à son couronnement.

La circonstance était solennelle, l'assemblée grave et recueillie. « Alors, dit le chroniqueur, l'archevêque de Cantorbéry se leva et parla ainsi : « Écoutez bien tous. Que votre sagesse apprenne « et sache que nul n'a de royaume en succession par « droit antérieur, si la totalité du royaume ne l'a « unanimement élu, après avoir invoqué la grâce « du Saint-Esprit, et s'il n'a été choisi entre tous « en raison de ses qualités éminentes, à l'exemple « et ressemblance de Saül, le premier roi qui ait « reçu l'onction, et que le Seigneur mit à la tête « de son peuple, encore qu'il ne fût ni fils de roi « ni sorti de race royale; et de même après lui, « David, fils de Sémeï : l'un, parce qu'il était vail- « lant et fait pour la dignité royale; l'autre, parce « qu'il était saint et humble. De sorte que celui qui « est au-dessus de tous les autres dans le royaume « par sa vaillance, soit au-dessus de tous par le « pouvoir et l'autorité. Toutefois, si quelqu'un de « la ra        'unt s'est fait justement distir

« guer, il est plus naturel et plus juste qu'on s'ac-
« corde pour l'élire. Nous disons ces choses à
« l'occasion du noble comte Jean, qui est ici pré-
« sent, frère de feu notre illustrissime roi Richard,
« lequel n'a pas laissé d'héritier sorti de soi. Comme
« il est prudent, vaillant, et manifestement de
« noble race, après avoir invoqué la grâce du
« Saint-Esprit, et en considération tant de son
« mérite que de sa naissance royale, nous l'avons
« unanimement élu. »

Or, ajoute le chroniqueur, l'archevêque était un
homme d'un sens profond et d'une sagesse incompa-
rable; c'était la colonne inébranlable du royaume.
Aussi tous les autres n'eurent-ils garde d'hésiter
après l'avoir entendu, sachant bien que ce n'était
pas sans motif qu'il avait ainsi parlé. Le comte Jean
et toute l'assemblée approuvèrent ce discours, et
tous les assistants, prenant le comte pour souverain, s'écrièrent : « Vive le roi ! » Comme on demandait par la suite à l'archevêque Hubert pourquoi il avait ainsi parlé, il répondit qu'il avait eu
le pressentiment, confirmé par certaines prophé-
ties, que le roi Jean souillerait un jour la couronne
d'Angleterre et précipiterait le royaume dans une
grande confusion. C'était donc pour l'empêcher de
lâcher la bride à ses mauvais instincts, que l'archevêque affirmait qu'il devait être roi par élection, et
non par droit héréditaire. Après ce discours, l'ar-

chevêque, lui ayant placé la couronne sur la tête, lui
donna l'onction royale à Westminster, dans l'église
du prince des apôtres, le jour de l'Ascension du
Seigneur. Dans cette cérémonie, Jean s'engagea,
par un triple serment, à chérir la sainte Église et
ses membres, à la protéger contre les attaques des
méchants, à détruire les abus et à mettre de bonnes
lois à la place des mauvaises, enfin à rendre droite
justice dans le royaume d'Angleterre. Ensuite l'archevêque, l'adjurant au nom de Dieu, lui défendit
solennellement d'avoir l'audace d'accepter la dignité
royale, s'il n'avait pas la ferme volonté de tenir
rigoureusement ce qu'il avait juré. A quoi Jean
répondit en promettant de tenir de bonne foi, avec
l'aide de Dieu, tous les serments qu'il venait de
prêter.

Jean était roi; il portait donc enfin la couronne;
mais c'était une couronne élective et que la main
du peuple, qui l'avait placée sur sa tête, pouvait
lui enlever un jour; le discours de l'archevêque
Hubert était plein de menaces. Jean, qui avait publiquement accepté cette doctrine, s'empressa, non
pas de la contredire expressément, il n'en avait
pas le courage, mais de la fausser et de la vicier
par une altération clandestine : « Dieu, disait-il
peu de jours après son couronnement, dans le
préambule d'une loi sans importance, Dieu l'avait
élevé, par le consentement unanime et la faveur

du clergé et du peuple, au trône qui lui appartenait par droit héréditaire. » Il ne paraît pas toutefois que personne ait pris garde à cette revendi-
cation frauduleuse de la monarchie légitime. On
était préoccupé surtout de l'attitude que Jean, roi
d'Angleterre, allait prendre vis-à-vis de l'ancien
allié de Jean, comte de Mortagne, Philippe Auguste, roi de France.

Les premières relations furent amicales, à ce
qu'il semblait; les deux rois se virent et signèrent
une trêve en attendant la paix définitive. Mais
tandis que le comte de Flandre et d'autres nobles,
hostiles à Philippe, renouvelaient avec le roi Jean
le pacte d'alliance offensive et défensive conclu naguère avec Richard, Philippe, de son côté, ceignait
au jeune Arthur l'épée de chevalier et lui promettait aide et secours pour recouvrer l'Anjou, le Poitou, la Touraine, le Maine, la Normandie et la
Bretagne, dont le jeune prince faisait par avance
hommage au roi, son suzerain et son ami. La
guerre éclata; Philippe se jeta sur la Normandie,
brûla Évreux et mit garnison dans un certain nombre de châteaux qu'il surprit; mais l'intervention
du légat Pierre de Capoue suspendit les hostilités.

Philippe et Jean se rencontrèrent encore une fois
entre les châteaux de Boutavant et de Gaillon; le
roi d'Angleterre s'humilia et offrit à Louis, fils de
son adversaire, la main de Blanche de Castille, sa

nièce, avec le comté d'Évreux, quelques autres fiefs et trente mille marcs d'argent pour dot. L'offre agréée, la reine Aliénor alla quérir la jeune princesse, et, dès son retour, le mariage fut célébré. Mais alors, pour la cession du comté d'Évreux, il y eut une cérémonie singulière, où Jean consentit à jouer un rôle passablement ridicule : il s'agissait pour lui de rendre hommage pour ce qu'il n'avait plus et de faire acte de suzeraineté là où il n'avait plus le moindre pouvoir ; c'était le personnage d'un roi de théâtre. La mise en scène réglée suivant le rite féodal, tout se passa conformément au programme ; la comédie se développa en quatre actes : au premier, Philippe rendit à Jean les fiefs et le comté qu'il lui avait enlevés par force ; au second, Jean en fit gravement hommage à Philippe ; au troisième, il les transporta solennellement à Louis, dont, au quatrième, il reçut modestement l'hommage. Ce ne fut pas tout : Philippe, qui avait accepté du roi d'Angleterre une femme pour son fils, ne voulut pas demeurer en retour.

Après douze ans de mariage, Jean, étant venu à s'apercevoir que lui et la reine, fille du comte de Glocester, étaient parents au troisième degré, s'empressa de satisfaire au cri de sa conscience et aux canons de l'Église par un divorce légal. Déjà il avait fait demander la main d'une princesse de Portugal, quand il vit par hasard Isabelle, fille du

comte d'Angoulême. Jean était incapable de résister
à ses passions; l'incontinence et la brutalité de ses
mœurs ne furent pas les moindres causes qui pro-
voquèrent le mécontentement en Angleterre. Vivement frappé des charmes de la jeune comtesse, et
encouragé, dit-on, par les conseils du roi de
France, il épousa brusquement Isabelle, quoiqu'elle
eût été publiquement accordée à Hugues, surnommé le Brun, comte de la Marche. Fatal mariage,
ajoute la chronique, pour le roi et pour le royaume
d'Angleterre. En effet, l'outrage infligé au comte
de la Marche produisit dans le Poitou une émotion
violente, et l'explosion d'une telle province propa-
gea bientôt l'incendie dans tout l'héritage des Plantagenets. Mais, pour Jean, c'était un bien petit
souci.

Son premier soin fut de montrer la reine aux
Anglais et de se faire couronner avec elle à Westminster; cérémonie qui fut renouvelée l'année
suivante à Cantorbéry, le jour de Pâques 1201.
C'était la troisième fois que Jean recevait la couronne des mains de l'Église; mais il est bon d'observer que c'était toujours une occasion de taxes
extraordinaires, et que les accès de ferveur du roi
se multipliaient en raison de ses besoins; or nul de
    prédécesseurs n'avait semblé plus besoigneux

    i. Déjà, à l'occasion du mariage de sa nièce
    e fils du roi de France, il avait imposé dans

tout le royaume, et sans le consentement des barons, une aide de trois sols sur chaque *hyde* de terre. La levée de cet impôt ne se fit pas sans résistance. L'archevêque d'York, Geoffroi, déjà célèbre et cher à la nation par sa lutte contre le chancelier Longchamp, s'y refusa pour tout son diocèse; et, comme le vicomte d'York et ses officiers avaient l'audace de passer outre, malgré son opposition, pillant les manoirs des clercs et les domaines des religieux, il lança contre eux les foudres de l'Église et jeta l'interdit sur toute la province. A cette nouvelle, le roi, furieux, confisqua les biens de l'archevêque; mais, les prélats et les barons s'étant entremis, la paix se fit en leur présence dans l'église de Cantorbéry. Jean se crut invincible et continua ses exactions. Dans un voyage qu'il fit dans le Northumberland, il extorqua aux habitants de cette province une grosse somme d'argent; sous prétexte de faire une expédition dans ses provinces d'outre-mer, il enjoignit à tous ceux qui lui devaient le service militaire de se trouver à Portsmouth, au jour de la Pentecôte, avec armes et bagages; mais, au jour dit, la plupart obtinrent de rester en Angleterre, en payant une taxe de deux marcs d'argent par bouclier.

Jean songeait si peu à faire la guerre qu'à peine débarqué en Normandie, il s'empressa d'ac-

cepter l'invitation du roi de France, qui l'engageait
à venir à Paris. Philippe lui fit une réception magnifique et lui abandonna son propre palais. En
même temps, pour assurer la paix, il fut convenu
que, si le roi de France violait les traités anté-
rieurs, les barons français, qui s'étaient portés
caution, seraient relevés de leur serment de fidélité et se rangeraient du côté du roi d'Angleterre
pour rappeler son adversaire à la foi jurée, les
mêmes conditions s'appliquant d'ailleurs au roi
d'Angleterre. Cependant un peu moins d'un an
s'était écoulé que la guerre avait éclaté de nouveau, à l'instigation du comte de la Marche. Trop
faibles pour soutenir l'effort du roi d'Angleterrè,
Hugues le Brun et le comte d'Eu, son frère, en
appelèrent à la justice de Philippe Auguste, leur
commun suzerain. Jean, cité devant la cour des
pairs, refusa de comparaître. Philippe n'attendait
que cette occasion; déclarant rompus tous les
traités par le fait de son rival, il fit, au nom d'Arthur, appel à tous les barons mécontents, et le
mettant sous la garde de deux cents chevaliers
français, il l'envoya dans le Poitou revendiquer sa
cause. L'heure, le lieu, le prétexte étaient habilement choisis; en peu de temps l'armée du jeune
prince se grossit de tous les amis du comte de la
Marche, de tous les ennemis de l'usurpateur.

Tandis qu'ils s'avançaient à grand bruit, on leur

vint annoncer que la vieille Aliénor se trouvait
dans le château de Mirebeau avec peu de monde;
c'était, disait-on, l'affaire d'un coup de main. En
un moment, la ville fut enlevée; mais la tour, où
s'était réfugiée la vieille reine avec quelques hommes d'armes, opposa une résistance opiniâtre : il
fallut entreprendre un siége en règle. Cependant
Aliénor trouva moyen de faire savoir au roi son
fils, qui était en Normandie, le danger qu'elle courait. Jean n'hésita pas, il faut le dire à son honneur. Cet ingrat, qui avait poursuivi de sa haine
son père et ses frères, cet impie qui profanait en
raillant les sentiments les plus saints, fut toujours
pour sa mère un fils reconnaissant et dévoué.
Étrange affinité que l'union de ces deux êtres mal-
veillants et malfaisants! affinité qui voudrait une
expression toute particulière. Respectons ces mots
sacrés d'amour maternel et de piété filiale : ils ne
sauraient convenir ni à l'un ni à l'autre de ces deux
personnages. Pour l'Angleterre, Jean fut un Néron,
Aliénor une Agrippine, Arthur un Britannicus;
mais Néron tua sa mère, et Jean sauva la sienne.

A peine eut-il reçu le message d'Aliénor, que
marchant jour et nuit, dévorant l'espace, dit la
chronique, il parut tout à coup sous les murs de
Mirebeau. Ici deux versions se présentent : suivant l'une, qui ajouterait à la transfiguration du
roi Jean ce dernier trait, le plus incroyable, la

bravoure chevaleresque, il se serait jeté sur les assiégeants, les aurait mis en fuite, poussés jusque dans la ville, taillés en pièces ou pris jusqu'au dernier; suivant l'autre, plus conforme au caractère historique de Jean sans Terre, aidé par la trahison du sénéchal de Poitou, il se serait introduit dans la ville au point du jour, et aurait surpris dans leur lit le jeune duc et tous ses chevaliers. Chargés de chaînes, les fers aux pieds et aux mains, jetés pêle-mêle sur des chariots, les captifs furent conduits les uns en Normandie, les autres en Angleterre; les portes du château de Falaise se fermèrent sur Arthur.

Un jour, l'oncle et le neveu se trouvèrent en présence, l'un priant, sollicitant, plein de douceur et de promesses; l'autre, plein de mépris et de colère. Celui qui suppliait, c'était Jean, le vainqueur; celui qui menaçait, c'était Arthur, le vaincu. « Le roi Jean étant venu au château de Falaise, dit Matthieu Pâris, se fit amener Arthur, son neveu. Lorsqu'on eut conduit le jeune homme en sa présence, le roi se mit à lui adresser des paroles caressantes et à lui promettre beaucoup d'honneurs, en l'exhortant à renoncer à l'amitié du roi de France et à s'attacher fidèlement à lui, comme à son seigneur et oncle. Mais Arthur, obéissant à emportement, lui répondit avec indignation enaces: il exigeait la restitution du royaume

d'Angleterre et de tous les domaines que le roi
Richard avait en sa possession au jour de sa mort;
toutes ces terres et cette couronne, disait-il, lui
étaient dues par droit héréditaire, et il affirmait
avec serment qu'à moins d'une prompte restitution, son oncle ne jouirait jamais d'une paix de
quelque durée. En entendant ces paroles, le roi
Jean fut grandement troublé; il ordonna qu'Arthur
fût envoyé à Rouen et renfermé plus étroitement
que jamais dans la tour même. » Que se passa-t-il
après cela? Les chroniques, si prolixes d'ordinaire
et si peu scrupuleuses, sont ici d'un laconisme
plein de mystère. « Il disparut tout à coup; comment? personne n'a pu le savoir. Dieu veuille
qu'il n'en soit pas ainsi que le rapportent des
bruits injurieux.... » Voici qui est un peu plus explicite : « Bientôt après, Arthur disparut.... Tout le
monde soupçonnait le roi de l'avoir tué de sa propre main.... » Ou bien encore : « Le cinquième
jour avant Pâques, il le tua de sa propre main. »
Enfin Guillaume le Breton, poëte, il est vrai, et
panégyriste de Philippe Auguste, affirme dans sa
*Philippide* que Jean assassina son neveu de deux
coups de poignard, la nuit, dans une barque sur
la Seine, et qu'il jeta le cadavre dans le fleuve, à
trois milles environ du château.

Quoi qu'il en soit, Jean, poursuivi, condamné
par la clameur universelle, ne tenta rien pour se

disculper. Il ne fit qu'une chose, il se fit cou--
ronner une quatrième fois à Cantorbéry; mais
l'affectation d'un tel acte, dans de telles circonstances, fut regardée comme une nouvelle preuve
de son crime. Quand il revint sur le continent, il
trouva contre lui l'opinion unanime, les rangs de
ses partisans bien éclaircis, et l'insurrection sou-
tenue de la guerre étrangère. L'évêque de Rennes,
au nom de la Bretagne, était allé à Paris accuser
devant le suzerain l'assassin du jeune duc. Cité
une seconde fois devant la cour des pairs, Jean se
garda bien de comparaître; alors la cour prononça
un jugement qui le déclarait meurtrier, traître et
félon, et ordonnait la confiscation de toutes les
terres qu'il tenait par hommage. Aussitôt Philippe
d'un côté, les Bretons de l'autre, entrèrent en Normandie et en Anjou, forçant quelques châteaux,
recevant la soumission du plus grand nombre.
Cependant le roi d'Angleterre se tenait à Caen,
célébrant les fêtes de Noël, en l'an de grâce 1203.
Là, sans souci des incursions et de la guerre, il
festoyait splendidement tous les jours avec la reine,
« prolongeant jusqu'à l'heure du dîner le sommeil
du matin. » Après les solennités de Pâques, Philippe s'était remis en campagne avec une armée
nombreuse, rasant les petits châteaux, mettant
garnison dans les plus forts. Tous les jours, des
messagers accouraient en toute hâte auprès du roi

Jean et lui disaient : « Le roi de France est entré à main armée sur vos terres ; il a déjà pris tels et tels de vos châteaux, et emmené vos châtelains ignominieusement attachés à la queue des chevaux ; il dispose de tout ce qui est à vous, à son gré et sans obstacle. » Mais le roi Jean leur répondait : « Laissez-le faire ; tout ce qu'il m'enlève aujourd'hui, je le reprendrai en un jour. » Jamais on ne put obtenir de lui d'autre réponse.

Alors les comtes, les barons et les autres nobles d'Angleterre, qui avaient jusque-là fidèlement servi le roi, bien convaincus, après avoir entendu de telles paroles, que sa lâcheté était incorrigible, prirent congé et retournèrent chez eux, laissant Jean presque seul en Normandie avec un très-petit nombre de chevaliers. Hugues de Gournay, qui tenait pour lui le château de Montfort, y introduisit secrètement les Français et se déclara pour Philippe Auguste. Pendant ce temps, le roi d'Angleterre restait tranquille à Rouen, au point que tous le croyaient victime de quelque sortilége, en lui voyant, au milieu de tant de dommages et d'humiliations, l'air joyeux et gai, comme s'il n'avait rien à craindre. Bientôt on apprit la soumission du fort château de Verneuil, « qui ne perdit pas une seule pierre de ses murailles, ni ses défenseurs un cheveu de leurs têtes. »

De toutes les places de Normandie, Philippe

n'avait plus guère à réduire que la Roche, près
des Andelys, sur un roc qui domine la Seine ; là
commandait l'intrépide connétable de Chester, Roger
de Lacy. Pendant qu'ils en faisaient le siége, les
Français surprirent le château de Radepont, aux
portes de Rouen. Alors, comme réveillé de sa
léthargie, le roi Jean prit peur, se voyant presque
seul, et s'enfuit précipitamment en Angleterre.
Puis, pour pallier sa lâcheté, il s'en prit aux
comtes et aux barons qui l'avaient, disait-il, abandonné au milieu de ses ennemis dans les provinces d'outre-mer; et pour compenser la perte
de ses châteaux et de ses terres, il leur prit la
septième partie de leurs revenus et de leurs biens
meubles, ne ménageant, dans sa rage, ni les couvents ni les églises. Aussi, quand il convoqua les
nobles en armes à Portsmouth pour passer la
mer, l'archevêque de Cantorbéry fut chargé de
lui déclarer en leur nom qu'ils ne s'embarque-
raient pas.

A peine Philippe avait-il appris la fuite de son
adversaire qu'il s'était présenté devant les villes
et châteaux qui tenaient encore pour le roi Jean,
annonçant aux bourgeois et aux châtelains que
leur seigneur les avait abandonnés, et faisant
valoir son droit de suzerain : « Le roi d'Angleterre, disait-il, les avait quittés par lâcheté ; pour
lui, il ne souhaitait qu'une chose, recouvrer son

domaine et le préserver de tout dommage ; enfin, il les priait en ami de se soumettre de bonne grâce, leur promettant, s'ils avaient le malheur de résister et d'être pris de force, qu'il les ferait tous pendre ou écorcher vifs. » Cette conclusion était assez claire ; ils eurent le mérite de la comprendre ; après quelques pourparlers, il fut convenu que villes et châteaux donneraient des otages, et que si, dans l'espace d'un an, ils n'étaient pas secourus par le roi d'Angleterre, ils reconnaîtraient dorénavant le roi de France pour leur souverain seigneur.

Jean paraissait en effet disposé, quoique un peu tard, à réparer toutes ses fautes. Dans un grand conseil réuni à Oxford, il obtint des barons, comme aide militaire, un impôt de deux marcs et demi par bouclier ; le clergé lui-même, bien qu'il n'y fût pas tenu, promit de contribuer. Mais, comme toujours, une fois l'argent reçu et ses coffres remplis, Jean remit à d'autres temps ses démonstrations belliqueuses. Cependant le terme fatal approchait pour les villes de Normandie, et les présages étaient sinistres. Les troupes du roi de France, qui depuis près d'un an assiégeaient la Roche, avaient fini par renverser une grande partie des murs ; mais, toutes les fois qu'elles tentaient l'assaut, le vaillant connétable de Chester les repoussait avec vigueur. Ce-

pendant, les vivres étant venus à manquer si complétement qu'il ne restait plus un morceau de pain
dans la forteresse, les assiégés aimèrent mieux se
faire tuer que de mourir de faim. Ils s'armèrent
donc, montèrent à cheval et s'élancèrent en avant,
frappant à mort tous ceux qui leur barraient le
passage, jusqu'à ce que, accablés par le nombre,
ils furent pris, non sans peine.

Au moment où la Roche, à moitié démantelée,
tombait ainsi, de guerre lasse, au pouvoir des
Français, Falaise, la plus forte ville de la basse
Normandie, se rendait sans coup férir, livrée en
trahison par le fameux routier Lupercaire, qui
passait avec sa bande au service du roi de France.
A cette nouvelle, tous les châtelains des pays
d'outre-mer et les bourgeois des villes dépêchèrent
vers le roi Jean pour lui remontrer leur embarras : la trêve allait expirer, et il leur faudrait rendre au roi de France leurs villes et leurs châteaux,
ou laisser périr les otages qu'ils avaient livrés. A
quoi Jean répondit qu'ils n'avaient aucun secours à
attendre de lui et qu'ils s'arrangeassent comme ils
l'entendraient. Ainsi abandonnées à elles-mêmes,
sans ressource et sans aide, les provinces de Normandie, de Touraine, d'Anjou, de Poitou, avec
villes et châteaux, à l'exception de la Ro-
e, de Thouars et de Niort, entrèrent dans le
aine du roi de France. Lorsqu'on vint annon-

cer ce grand désastre au roi d'Angleterre, il vivait, dit la chronique, en toute sorte de délices
avec la reine ; en la possédant, il croyait tout posséder. N'avait-il pas, d'ailleurs, les immenses trésors qu'il avait extorqués ? Comment, avec tant de
richesses, n'aurait-il pas recouvré un jour les
terres qu'il s'était laissé prendre ?

Jean était beau joueur ; il aimait les parties difficiles. S'il avait ainsi perdu pièce à pièce l'héritage entier des Plantagenêts et des ducs de Normandie, c'était pour les regagner d'un seul coup et
d'une façon plus éclatante. Quand il ne fut plus
temps d'agir, il fit montre d'une énergie qui
n'était pas dans ses habitudes.

Au mois d'avril 1205, dans un grand conseil
réuni à Winchester, il fit résoudre qu'un dixième
des chevaliers du royaume le suivrait en Poitou et
servirait aux frais des neuf autres. Mais les barons,
si souvent déçus, refusèrent encore une fois de
passer sur le continent ; Jean persista néanmoins,
quoiqu'il n'eût avec lui que peu de monde, et
s'embarqua ; trois jours après il était de retour. La
comédie n'était pas neuve, mais le dénoûment
avait toujours le même succès pour le fisc royal ;
les comtes, barons, chevaliers et religieux payèrent des sommes énormes, et le roi fut content.

Toutefois, l'année suivante, l'entreprise parut
plus sérieuse. Assuré du concours de Guy, vi-

comte de Thouars, Jean passa la mer avec une
armée nombreuse, prit terre à la Rochelle, marcha sur Montauban, et réduisit en quinze jours ce
fameux château que Charlemagne, dit le chroniqueur familier avec les légendes du xii° siècle,
n'avait pu réduire après sept ans de siége. Cette
tradition populaire rehaussa le succès du roi d'Angleterre, et Jean put être tenté de se croire un
héros. Dans la lettre qu'il écrivit au justicier, aux
évêques et aux barons du royaume, il eut soin de
marquer les noms de tous les nobles et illustres
hommes qui furent pris dans ce château avec
leurs chevaux, leurs armes et d'innombrables dé-
pouilles. Après cet exploit, il marcha sur Angers,
qu'il brûla, puis sur Nantes; mais Philippe approchait avec son armée; dès lors le vainqueur de
Montauban, le rival heureux de Charlemagne ne
songea plus qu'à négocier; à peine la négociation
fut-elle ouverte, qu'il se mit en sûreté dans la
Rochelle.

Ainsi finit cette belle campagne qui devait lui
rendre tout son domaine, et qui ne lui donna pas
un pouce de terre. Une trêve de deux ans avait été
signée; de retour en Angleterre, comme il fallait
que ses démonstrations belliqueuses lui profi-
taient en quelque chose, il imposa dans tout le
royaume, sur le clergé comme sur les laïques,
taxe d'un treizième « pour la défense des

droits de l'Église et le recouvrement de son héritage. » On paya en murmurant : le seul archevêque d'York, Geoffroi, qui avait déjà lutté contre
de semblables exactions, eut le courage de résister ; mais, comme il redoutait la violence du roi,
il quitta son diocèse et passa sur le continent, en
lançant l'anathème, non-seulement sur ceux qui
exerceraient cette spoliation dans l'archevêché
d'York, mais encore sur tous les envahisseurs de
l'Église et des choses ecclésiastiques.

# CHAPITRE V.

Affaires ecclésiastiques. — Élection d'un archevêque de Cantorbéry.—
Innocent III. — Étienne Langton. — Correspondance du pape et du
roi Jean. — L'Angleterre mise en interdit. — Violences contre le
clergé.

Ce n'était pas seulement le temporel de l'Église
que le roi Jean envahissait par ses déprédations
fiscales; le spirituel n'était pas davantage à l'abri
de ses atteintes. Vers le temps où finissait cette
misérable guerre contre la France, dans laquelle
ses barons lui avaient plus d'une fois refusé leurs
services, son imprudence et sa présomption l'a-
vaient engagé dans une querelle bien autrement
redoutable. Parmi les immunités ecclésiastiques
qu'il avait juré de maintenir à son couronnement,
figurait au premier rang le droit pour les chapitres de procéder librement à l'élection des évêques. Mais, comme les prélats possédaient d'immenses domaines qui leur donnaient une grande
féodale, et par suite une influence con-
lans l'État, les rois d'Angleterre, en se
le droit d'accorder la licence royale

avant l'élection, et de confirmer ou non l'élection faite, s'étaient assuré le moyen de diriger le choix des chapitres. Dans une manœuvre aussi délicate, qui exigeait tant de prudence et d'habileté, le despotisme de Jean sans Terre ne gardait aucun ménagement; là où il fallait peser à peine, il se jetait brutalement dans la balance, au risque de tout abîmer. En réalité, c'était lui qui faisait l'élection ; tout récemment, à la mort de l'évêque de Winchester, il lui avait fait donner pour successeur Pierre des Roches, « chevalier fort expérimenté dans la guerre. » Telle était la situation, lorsque le siége de Cantorbéry, le premier du royaume, devint vacant par la mort de l'archevêque Hubert, vers le mois de juillet de l'année 1205.

L'élection d'un archevêque de Cantorbéry était une grande affaire, et, quoique les moines de Christ-Church, qui formaient le chapitre de la cathédrale, eussent toujours réclamé le droit d'y procéder seuls, comme cela se pratiquait au temps des Saxons, les évêques suffragants, d'ordinaire soutenus par les rois normands, avaient le plus souvent obtenu de concourir au choix du métropolitain, primat d'Angleterre. Cependant, le corps de l'archevêque Hubert n'était pas encore enseveli, que les plus jeunes moines, voulant s'affranchir à la fois et de la recommandation royale

et du concours des évèques, s'assemblèrent clandestinement de nuit et donnèrent leurs voix à un
certain Réginald, sous-prieur du couvent. L'élection faite, ils entonnèrent le *Te Deum* et instal-
lèrent le nouvel élu, d'abord au maître-autel, ensuite sur le trône archiépiscopal. Mais, comme il
importait que le roi ne sût rien de cette affaire
avant que le saint-siége apostolique eût donné son
approbation, Réginald s'engagea par serment à
partir immédiatement pour Rome, avec quelques
moines, et à ne communiquer à personne l'objet
ni le but de son voyage. Cependant, à peine eut-il
mis le pied en Flandre, qu'égaré par la vanité,
il publia partout qu'il était archevêque élu de Cantorbéry et qu'il allait demander au pape de confirmer son élection.

Innocent III occupait alors la chaire de saint
Pierre ; quand il vit venir à lui ce présomptueux
qui faisait parade de ses lettres de créance et réclamait avec exigence l'approbation pontificale,
Innocent répondit qu'il voulait délibérer jusqu'à
plus ample information. Ce n'est pas qu'il fût contraire aux prétentions exclusives des moines de
Christ-Church ; car il écrivit sur-le-champ aux
évêques suffragants pour qu'ils prissent garde de
ne pas molester à tort l'Église de Cantorbéry,
leur mère, et de se renfermer dans les limites
établies par leurs prédécesseurs. Cependant, la

rumeur était grande en Angleterre ; tout le monde était irrité : le roi et les évêques, parce qu'ils avaient été joués ; les vieux moines, parce que l'élection s'était faite sans leur concours ; les jeunes, parce que Réginald, en violant son serment, les avait compromis. Les uns et les autres se réunirent et députèrent sur-le-champ au roi quelques-uns des leurs pour faire amende honorable et demander la permission de procéder à une élection nouvelle. Jean y consentit aussitôt, et, prenant à part les députés, il leur recommanda vivement Jean de Gray, évêque de Norwich, son confident et son ami le plus intime, le seul, disait-il, de tous les prélats d'Angleterre, qui fût initié à ses plus secrètes pensées. Les moines, de retour, rendirent compte au chapitre du succès de leur mission, et le chapitre, pour se réconcilier avec le roi qu'il avait si gravement offensé, nomma l'évêque de Norwich à l'unanimité des suffrages. Aussitôt une députation se rendit auprès de Jean de Gray, le conduisit à Cantorbéry, et là, en présence du roi et d'une foule immense qui se pressait dans la cathédrale, les moines, chantant l'hymne d'actions de grâces, le portèrent solennellement à l'autel et l'intronisèrent sur le siége primatial ; puis le roi lui conféra publiquement l'investiture des biens immenses qui constituaient le temporel de l'archevêché.

Après cette double cérémonie, douze moines furent envoyés à Rome, bien pourvus d'argent, pour
obtenir du pape qu'il confirmât l'élection de l'é-
vêque de Norwich. Mais en même temps les évêques suffragants accréditèrent de leur côté des procureurs chargés d'attaquer cette élection, à laquelle
ils n'avaient pas concouru. Il y avait donc à Rome
trois parties dans la même cause, soumise au jugement du pape et des cardinaux : Réginald et ses
acolytes, qui soutenaient la première élection; les
députés du chapitre, qui attaquaient la première et
soutenaient la seconde; enfin les procureurs des
évêques, qui attaquaient à la fois l'une et l'autre. A
l'égard des évêques, Innocent maintint sa première
opinion, et donna gain de cause au chapitre en dé-
cidant, en vertu de l'autorité apostolique, que les
moines de l'Église de Cantorbéry, et leurs successeurs à l'avenir, avaient droit d'élire l'archevêque
sans le concours des prélats suffragants. Quant à
la double élection, Innocent cassa la première, parce
qu'elle s'était faite la nuit, d'une façon subreptice,
contre les formes canoniques; et il cassa la seconde,
parce qu'on n'avait pas attendu que la première,
frauduleuse ou non, eût été légalement déclarée
. Mais il alla plus loin; car il défendit par
nce apostolique et interdit aux deux préten-
ts d'aspirer désormais aux honneurs archiépis-
copaux : « Et voilà, en somme, ajoute Matthieu

Pâris, la cause et l'origine d'un grand trouble. »

Le résultat, en effet, avait été prévu, moins la dernière clause. Or, Jean, qui se doutait que l'élection serait annulée, avait promis aux douze moines députés à Rome d'accepter celui qu'ils éliraient, mais 'en même temps il leur avait fait jurer qu'ils n'éliraient personne autre que l'évêque de Norwich. Les moines, bien empêchés, voulurent employer le dernier argument, le plus fort, celui que le roi, cupide et avare, leur avait commandé de tenir en réserve jusqu'au moment décisif. Ils offrirent donc au pape trois mille marcs pour prix de son consentement; mais Jean, qui avait tort de mesurer les autres à sa taille, en fut pour ses tentatives de corruption, et Innocent III indigné se montra plus inflexible que jamais. Effrayés de leur responsabilité, les douze moines, qui se trouvaient munis de l'autorisation royale et des pleins pouvoirs de leur couvent pour élire à Rome un archevêque de Cantorbéry, finirent par prêter l'oreille aux conseils des cardinaux et du pape : ils auraient, disait-on, liberté pleine et entière d'élire qui bon leur semblerait, pourvu qu'ils choisissent un homme de cœur et surtout un Anglais.

Or cette double condition se rencontrait précisément dans un cardinal, Étienne Langton, qui tenait le premier rang dans la cour pontificale, savant et de mœurs irréprochables. Jeune encore, il avait enseigné avec éclat dans l'université de Paris, où il avait occupé les fonctions importantes de chancelier[1]; appelé à Rome, et revêtu de la pourpre, il s'était fait remarquer du pape par la sûreté et la décision de son esprit. Ce fut sur lui qu'Innocent dirigea les suffrages des moines de Cantorbéry; un seul se récusa; les onze autres élurent donc Étienne Langton, et quelque temps après, le pape voulut le consacrer lui-même dans l'église de Viterbe. C'était un coup hardi; mais il convenait de dissimuler la portée d'un acte qui pouvait passer aux yeux du roi, du clergé et du peuple anglais, pour une usurpation de leurs droits et une violation de leur indépendance. En même temps qu'il enjoignait au prieur et aux moines de Cantorbéry, en vertu de la sainte obédience, de reconnaître le nouvel arche-

1. On lit dans l'*Histoire de la littérature française*, par M. Demogeot : « Un évêque, qui fut depuis cardinal, Étienne Langton, commença un jour son sermon par ces vers qui en sont le texte :

> Bello Aliz matin leva,
> Son corps vêtit et para;
> En un verger elle entra,
> Cinq fleurettes y trouva,
> Un chapelet fait en a
>     De roses fleuries.
> Pour Dieu ! sortez-vous de là,
> Vous qui n'aimez mie.

Et reprenant chaque vers, le prélat en fit une application mystique à la vierge Marie. » Il ne faudrait pas croire que ce genre fût particulier à Langton ni qu'il en fût l'inventeur; c'était le goût et la manière du siècle.

vêque pour leur pasteur, et de lui obéir humblement dans les choses temporelles comme dans les
spirituelles, Innocent, modeste et conciliant vis-à-
vis du roi d'Angleterre, et le sachant fort curieux
de pierres précieuses, lui en fit un présent avec une
lettre qui mérite d'être citée, à la fois comme pré-
face d'une lutte mémorable et comme spécimen du
genre allégorique.

« Innocent, pape, troisième du nom, à Jean, roi
d'Angleterre, etc. Parmi les richesses terrestres
que l'œil mortel souhaite et désire ardemment
comme les plus éclatantes, nous croyons que l'or
pur et les pierres précieuses tiennent le premier
rang. Or, quoique Votre Excellence royale abonde
en telles richesses et en beaucoup d'autres, toutefois, en signe de bienveillance et de tendresse,
nous destinons à Votre Grandeur quatre anneaux
d'or où sont enchâssées différentes pierres. Et
afin que vous regardiez plutôt le sens mystérieux
de ce présent que le présent lui-même, nous désirons spécialement que vous en considériez la
forme, le nombre, la matière et la couleur. La
forme ronde marque l'éternité, qui n'a ni com-
mencement ni fin. Ainsi votre sagesse royale
trouve dans cette figure le moyen de passer des
choses de la terre aux choses du ciel, du temps à
l'éternité. Le nombre de quatre, en formant un
marque la fermeté d'une âme qui ne doit

se laisser ni trop abattre par la mauvaise fortune, ni trop élever par la bonne, ce qu'elle ob-
tiendra glorieusement, quand elle sera réglée par
les quatre vertus principales, c'est-à-dire la justice, la force, la prudence et la tempérance.... 
L'or désigne la sagesse, qui excelle parmi tous les
dons, comme l'or parmi tous les métaux, suivant la parole du prophète : « L'esprit de sagesse
« repose sur lui, etc. » Il n'y a rien en effet qui soit
plus nécessaire à un roi; voilà pourquoi le pacifique roi Salomon demanda au Seigneur seulement la sagesse, pour bien gouverner le peuple
qui lui était confié. Enfin le vert de l'émeraude
marque la foi, la pureté du saphir l'espérance, le
rouge du grenat la charité, l'éclat de la topaze
les bonnes œuvres; car le Seigneur a dit : « Que
« votre lumière luise. » Il vous est donc marqué,
par l'émeraude, de croire, par le saphir, d'espé-
rer, par le grenat, d'aimer, par la topaze, de
faire le bien, afin que vous montiez de vertus
en vertus et que vous parveniez à voir le Dieu
suprême dans la céleste Sion. »

Cette épître mystique était suivie d'une lettre plus
pratique où le pontife exhortait le roi d'Angleterre,
humblement et pieusement, à recevoir avec bonté
Étienne Langton, cardinal-prêtre de Saint-
gone, élu canoniquement à l'archevêché de
rbéry. C'était un homme né dans le royaume

et qui avait mérité non-seulement le nom de maître dans les lettres séculières, mais aussi le titre de docteur dans les connaissances théologiques. Sa vie et ses mœurs étaient bien au-dessus de sa vaste science, et, à ce titre, ses vertus et ses talents ne seraient pas d'une médiocre utilité pour le salut et pour le service du roi.

Vains ménagements : les nouvelles de Rome avaient d'abord frappé le roi comme d'un coup de foudre ; mais bientôt la stupeur avait fait place à la rage. Les moines de Cantorbéry en furent les premières victimes ; à vrai dire, ils avaient agi bien légèrement, accumulant fautes sur fautes : l'élection furtive de Réginald, la violation des engagements qu'ils avaient pris envers le roi, par-dessus tout, le choix d'Étienne Langton, qu'il regardait comme son ennemi personnel, expliquaient, sans les justifier absolument, les emportements de Jean sans Terre. Une bande de routiers envahit le cloître, l'épée nue ; leurs chefs, deux chevaliers redoutés, Foulques de Canteloup et Henri de Cornouailles, signifièrent brutalement au prieur et aux religieux qu'ils eussent à quitter sur-le-champ le sol de l'Angleterre, comme traîtres à la majesté royale, jurant, s'ils hésitaient, de les brûler vifs dans leur couvent. Tremblants et maudissant leur mauvaise fortune, les malheureux moines prirent à chemin de l'exil ; transportés en Flandre, ils furent honorablement recueillis dans l'abbaye de Saint-Bertin, tandis que tous leurs biens étaient mis au pillage.

En même temps le roi Jean écrivit au pape une lettre pleine de reproches et de menaces : « Non content, disait-il, de rejeter, à notre honte, l'élection de l'évêque de Norwich, vous avez fait consacrer archevêque de Cantorbéry un certain Étienne Langton, homme qui nous est complétement inconnu, et qui a résidé longtemps en France, parmi nos ennemis déclarés. Et, ce qui tend encore plus au préjudice et au renversement de nos prérogatives royales, vous avez eu la téméraire présomption de faire élire ce Langton sans requérir notre consentement, que les moines auraient dû demander.... Sachez bien, au reste, que nous combattrons jusqu'à la mort, s'il le faut, pour les libertés de notre couronne, et que nous sommes immuablement résolu à ne rien céder touchant l'élection de l'évêque de Norwich.... Et, si nos droits n'obtiennent une juste satisfaction, nous fermerons la route de la mer à ceux qui voudraient aller à Rome.... Et même, comme nous avons, tant en Angleterre que dans nos autres domaines, des archevêques, des évê- des prélats versés dans toutes les sciences, l'aurons pas besoin, si la nécessité nous y .e, d'aller mendier au dehors des décisions

et des jugements, au gré des étrangers. » Trois
siècles plus tard, Henri VIII, au moment où il
préparait le schisme; n'était ni plus menaçant ni
plus altier.

Toutefois le pontife ne se laissa pas intimider,
insensible aux reproches, dédaignant les menaces.
Les foudres de l'Église grondaient dans le lointain,
mais n'éclataient pas encore; c'était un avertissement salutaire; la main du pontife se levait, également prête à frapper ou à bénir. La réponse
d'Innocent était longue, mais parfaitement nette,
réfutant tous les arguments, relevant toutes les
omissions, insistant avec habileté sur les récriminations puériles, sur les subtilités indignes de la majesté royale, et qui formaient cependant toute la
politique du roi Jean.

« Innocent, évêque, serviteur des serviteurs de
Dieu, à notre très-cher fils en Jésus-Christ, Jean,
illustre roi d'Angleterre, salut et bénédiction
apostolique. Nous vous avions écrit, relativement
aux affaires de l'Église de Cantorbéry, une lettre
humble, bienveillante, pleine d'exhortations et
de prières; vous nous avez répondu, sur un ton
de menace et de reproche, d'entêtement et d'orgueil. Prenez garde que, si votre amitié nous est
très-nécessaire, la nôtre ne vous est pas d'un faible
secours....

« Vous mettez en avant de frivoles prétextes, en

assurant que vous ne pouvez donner votre consentement à l'élection de notre cher fils Étienne,
cardinal-prêtre au titre de Saint-Chrysogone,
parce qu'il a séjourné parmi vos ennemis, et que
sa personne vous est tout à fait inconnue.... Nous
croyons, au contraire, que non-seulement on ne
peut lui faire un crime, mais qu'on doit plutôt
lui faire un titre de gloire si, dans les études li-
bérales auxquelles il s'est longtemps livré à Paris,
il a fait assez de progrès pour mériter d'être
docteur, non-seulement dans les sciences séculières, mais encore dans les sciences théologiques,
et si, joignant à tant de connaissances des mœurs
irréprochables, il a été jugé digne d'obtenir une
prébende à Paris.

« C'est donc pour nous un sujet d'étonnement,
qu'un homme de si grand renom, originaire de
votre royaume, ait pu vous être inconnu, au
moins de réputation, surtout lorsque vous lui
avez écrit trois fois depuis que nous l'avons promu à la dignité de cardinal, pour lui témoigner,
encore que vous eussiez résolu de l'appeler au
nombre de vos serviteurs intimes, combien vous
vous réjouissiez de le voir élevé à un plus grand
office. Vous auriez dû remarquer plutôt qu'il est
né dans votre terre, de parents qui vous sont
　　　　ぅ et dévoués, et qu'il a été pourvu d'une
　　　　de dans l'Église d'York, bien plus impor-

tante et plus illustre que l'Église de Paris. Ainsi, non-seulement les liens de la chair et du sang, mais encore les obligations d'un bénéfice et d'un office ecclésiastique, témoignent de la sincère et profonde affection qui l'attache à votre personne et à votre royaume.

« Vos députés nous ont exposé un autre motif qui vous a empêché d'approuver son élection : c'est que votre consentement n'a pas été requis par ceux qui devaient le solliciter de vous; et ils nous ont assuré que les lettres par lesquelles nous vous invitions à nous envoyer des procureurs fondés pour cette affaire, ne vous sont point parvenues; enfin que les moines de Cantorbéry, bien qu'ils se soient présentés devant vous pour d'autres affaires, ne vous ont adressé, pour demander votre consentement, ni lettres ni messages.... Quoiqu'on n'ait pas coutume d'attendre le consentement des princes pour les élections qui se font à Rome, auprès du siége apostolique, cependant deux moines furent envoyés avec la mission spéciale de solliciter votre assentiment; ces deux moines ont été retenus à Douvres, sans pouvoir exécuter leur mandat, et les lettres par lesquelles nous vous engagions à nous envoyer vos procureurs ont été remises à vos officiers pour qu'ils vous les rendissent fidèlement.... Notre courrier, qui vous a présenté nos lettres apostoli-

ques, a remis aussi à Votre Sublimité royale des
lettres du prieur et des moines qui, munis des
pouvoirs du chapitre entier de Cantorbéry, ont
célébré ladite élection.

« C'est après tant de soins et de démarches que
nous avons jugé inutile de solliciter plus longtemps le consentement royal; mais nous avons
résolu d'agir, sans dévier à droite ou à gauche,
suivant les prescriptions canoniques des saints
Pères, afin de mettre un terme aux retards et aux
difficultés qui privent depuis longtemps le trou-
peau du Seigneur de ta sollicitude et de l'amour
de son pasteur légitime. Aussi, quelque chose
que l'on suggère à votre prudence royale pour
vous détourner des voies de la conciliation, nous
ne pouvons, sans dommage pour notre réputation et sans péril pour notre conscience, différer
plus longtemps de ratifier l'élection d'un personnage capable, puisqu'elle s'est faite conformément
aux canons, sans violence et sans dol....

« C'est donc à vous, très-cher fils, de mériter
plus abondamment, par votre déférence, la faveur
divine et la nôtre. Prenez garde, en agissant autrement, de vous engager dans un embarras tel
que vous ne puissiez vous en tirer facilement;
songez enfin qu'il faut que celui-là soit victorieux
qui tout genou fléchit, dans le ciel, sur la
et dans les enfers, celui dont nous tenons

ici-bas la place, quelque indigne que nous soyons. Ne prêtez donc pas l'oreille aux conseils de ceux qui ne souhaitent autour de vous qu'agitation et désordre, afin de pouvoir mieux pêcher en eau trouble; mais confiez-vous à notre bon plaisir, et vous trouverez toujours mérite, honneur et gloire. Il ne serait pas sans danger pour vous de vous révolter contre Dieu et contre son Église, dans une cause pour laquelle le bienheureux martyr et glorieux pontife Thomas a versé son sang naguère; surtout depuis que votre père et votre frère, d'illustre mémoire, alors rois d'Angleterre, ont abjuré entre les mains des légats du siége apostolique ces iniques et odieuses coutumes. Quant à nous, si vous vous soumettez humblement, nous aurons soin de veiller suffisamment pour vous et pour les vôtres à ce qu'il n'en résulte pour vous aucun préjudice. »

Cette lettre était un chef-d'œuvre : suivant pas à pas la route que l'imprudence de Jean lui avait tracée, le pape laissait de côté la question capitale, la seule importante, l'agression papale, pour nous servir d'une expression récemment consacrée en Angleterre; mais il discutait longuement, froide-ment, minutieusement, les questions de forme, les arguties misérables où croyait triompher son adver-saire; puis, quand il l'avait surpris trois ou quatre fois en flagrant délit de contradiction et de mensonge, il le traînait aux pieds du Dieu qui châtie les rebelles et qui pardonne aux humbles. Enfin il évoquait à ses yeux un récent et terrible souvenir, Thomas Becket arrosant de son sang les marches de l'autel, et le fier Plantagenêt, Henri II, son père, battu de verges sur le tombeau du martyr.

Jean n'était pas de force à lutter contre un tel champion, armé pour une telle cause ; aveuglé par l'orgueil et la colère, il repoussa la main que lui tendait un peu dédaigneusement le pontife. Cependant Innocent ne voulut pas le frapper par surprise. Au bout d'un an seulement, quand il vit le cœur du roi tellement endurci que ni la douceur des avertissements, ni la sévérité des menaces n'avaient pu rien obtenir, il ordonna, sur l'avis des cardinaux, à Guillaume, évêque de Londres, à Eustache, évêque d'Ely, à Mauger, évêque de Worcester, de se rendre auprès du roi d'Angleterre et de lui soumettre, avec une pieuse sollicitude, la triste situation de l'Église de Cantorbéry. Ils devaient, par leurs exhortations salutaires, l'encourager à se laisser vaincre par Dieu, défaite victorieuse, servitude triomphale, qui attirerait sur lui la bénédiction du Seigneur. Si, par malheur, ils le trouvaient rebelle et opiniâtre, ils envelopperaient sous l'interdit tout le royaume d'Angleterre, et lui annonceraient, au nom de l'autorité apostolique, que, si ce moyen ne suffisait pas pour dompter son fol entêtement, le pape appesantirait encore sa main sur lui : « car il fallait nécessairement que celui-là fût vainqueur, qui, pour le salut de la sainte Église, avait dompté le diable et les anges rebelles, et forcé les portes du Tartare. »

Les trois évêques, portant dans leurs mains la paix et la guerre, parurent devant le roi Jean ; fidèles interprètes du message pontifical, ils le supplièrent humblement et avec larmes d'avoir le Seigneur devant les yeux, de rappeler dans leur église l'archevêque et les moines de Cantorbéry, de les honorer et de les aimer d'une affection parfaite, d'éviter le scandale d'un interdit, afin qu'en retour celui qui récompense les mérites daignât augmenter sa puissance temporelle et lui accorder après sa mort la gloire qui n'a point de fin. Mais Jean, les interrompant avec fureur, se mit à blasphémer contre le pape et les cardinaux, et jura par les dents de Dieu que si eux ou d'autres, quels qu'ils fussent, avaient l'audace de mettre ses terres en interdit, il ferait enlever sur l'heure tous les prélats, clercs et prêtres d'Angleterre, les enverrait à leur pape et confisquerait leurs biens ; que tous les Romains qu'il pourrait trouver dans ses États, il les chasserait aussi sur Rome, les yeux crevés et le nez coupé, afin qu'à ces signes d'ignominie on pût les distinguer entre toutes les nations. Puis, menaçant les évêques eux-mêmes, il leur

ordonna de sortir au plus vite de sa présence, s'ils
voulaient éviter quelque châtiment scandaleux. Ils
se retirèrent alors, mais sans frayeur, et, dans le
carême suivant, ils firent solennellement publier
par tout le royaume la sentence d'interdit.

Alors ce fut une grande désolation dans toute
l'Angleterre : les temples fermés, les cloches muet-
tes, plus de cérémonies, plus de sacrements, si ce
n'est le baptême pour. les nouveau-nés, la confession et le viatique pour les moribonds, quelques
rares sermons le dimanche au milieu du cimetière, les mariages bénis à la hâte sous le porche
de l'église, les morts eux-mêmes privés de leur
dernier asile, portés hors des bourgs et jetés
comme des chiens dans les fossés, sans bénédiction et sans prières. Cependant, insensible à la
douleur d'une nation pleine de foi, qu'un tel spectacle frappait d'horreur, Jean affectait la sérénité
et l'enjouement ; mais, sous ce masque perfide, sa
haine méditait les plus cruelles vengeances.

D'abord, comme les trois évêques, après la pu-
blication de l'interdit, s'étaient réfugiés sur le continent, il fit dépouiller et jeter en prison leurs parents et ceux de Langton, puis il envoya dans tout
le royaume ses vicomtes et ses agents pour mettre
sous le séquestre tous les biens du clergé et confisquer les revenus ecclésiastiques ; tous les évêques,
prélats, abbés et prieurs reçurent l'ordre de quitter

immédiatement l'Angleterre : libre à eux, ajoutaient les officiers du roi, d'aller demander justice
au pape. Quelques évêques obéirent, mais la plupart des abbés déclarèrent qu'ils ne sortiraient de
leurs monastères qu'expulsés par la violence. Cette
résistance, encouragée sans doute par la sympathie
des populations, eut pour effet de calmer d'abord
la violence du roi. Tout en maintenant le séquestre
sur les biens des clercs et des moines, il publia
un acte assez curieux, par lequel il leur accordait
une « subsistance raisonnable, » à savoir, pour
les réguliers, deux plats chaque jour, et, pour les
séculiers, autant qu'il serait jugé nécessaire par
quatre arbitres assermentés pris dans la paroisse.
En même temps, comme s'il avait eu à cœur de se
réserver pour lui seul le plaisir de la vengeance,
il fit proclamer que quiconque oserait, en paroles
ou en actions, outrager un membre du clergé, serait pendu incontinent au chêne le plus proche.
Cependant il ne paraît pas qu'il ait bien rigoureusement veillé à l'exécution de cette dernière ordonnance. Tout religieux, tout homme appartenant à l'Église, qui se hasardait sur les chemins,
était jeté à bas de son cheval, dépouillé, maltraité
par les gens du roi, bien heureux d'en être quitte
pour si peu. Un jour que le roi se trouvait sur les
limites du pays de Galles, les officiers d'un certain
vicomte lui amenèrent, les mains liées derrière le

dos, un brigand qui avait volé et tué un prêtre
sur la route. Comme ils venaient prendre là-dessus
les ordres du roi, il leur répondit aussitôt : « Déliez
cet homme et le laissez aller; il n'a tué qu'un de
mes ennemis. »

# CHAPITRE VI.

Violences de Jean contre les barons. — Violences contre les habitants des campagnes ; contre les clercs d'Oxford ; contre les ordres monastiques. — Sentence d'excommunication. — Supplice de l'archidiacre de Norwich. — Violences contre les juifs. — Les excès du roi Jean justifiés par un faux théologien. — Les Anglais déliés par le pape de leurs serments envers le roi Jean. — Expédition contre les Gallois. — Grande conspiration. — Les routiers. — Falcaise.

Quoiqu'il affectât de mépriser les conséquences de l'interdit, le roi n'était pas sans de graves inquiétudes. Si le pape, ce qui n'était guère douteux, accomplissait toutes ses menaces, s'il appesantissait encore sa main sur lui, si, par une excommunication nominative, il déliait ses sujets du serment de fidélité, tous ces nobles, tous ces bourgeois, tout ce peuple des campagnes, bien innocents des crimes de leur roi, dont cependant ils portaient la peine, toute cette nation opprimée dans sa foi et dans ses libertés ne s'empresserait-elle pas de relever ses autels en renversant le despote?

Contre les dangers d'un prochain avenir, Jean chercha des garanties dans de nouvelles violences :

il envoya des gens armés vers les barons les plus puissants qu'il tenait en suspicion, et il exigea d'eux des otages, afin de les contenir dans le devoir, si un jour ils tentaient de s'en écarter. Beaucoup acquiescèrent aux volontés du roi, les uns livrant leurs fils, les autres leurs neveux ou leurs plus proches parents. L'un d'eux, Guillaume de Brause, soumis d'ailleurs et prêt à obéir, parlementait avec les gens du roi, quand tout à coup Mathilde, sa femme, se jetant au milieu d'eux et leur arrachant ses fils : « Non, s'écria-t-elle, non, je ne livrerai pas mes enfants à la merci de votre maître, qui a tué lâchement son neveu Arthur ! » Mais son mari, se tournant vers elle, la réprimanda vivement : « Vous avez tenu contre notre seigneur le roi le langage d'une femme folle; » et s'adressant aux officiers : « Si je l'ai offensé en quelque chose, je suis prêt à donner satisfaction à mon seigneur, par moi-même et sans otages, selon le jugement de sa cour et des barons mes pairs, aux jour et lieu qui me seront assignés. » De retour auprès du roi, ses agents lui rendirent compte de ce qu'ils avaient entendu. Jean, plein de courroux, envoya secrètement des chevaliers et des sergents pour s'emparer de Guillaume de Brause et de toute sa famille; mais, averti par ses amis, Guillaume s'était déjà réfugié en Irlande avec sa femme, ses enfants et ses proches.

Excepté à Rome, la cause du roi semblait triompher sur tous les points. Guillaume, roi d'Écosse, menacé d'une invasion, se soumit à payer quinze mille marcs et à donner des otages choisis dans les plus nobles familles de son royaume ; il consentit même à livrer ses deux filles et à les laisser marier au gré du roi d'Angleterre. Les Gallois, chose inouïe jusqu'alors, se rendirent auprès du roi à Woodstock, et lui firent hommage. L'Irlande, pacifiée en trois mois, reçut pour gouverneur le favori Jean de Gray, le fameux évêque de Norwich. Mais qu'importaient la pacification de l'Irlande, l'hommage des Gallois, la soumission du roi d'Écosse ? L'Angleterre n'était point faite au joug ; cette haine de la tyrannie, qui n'éclatait point encore, mais qui fermentait sourdement dans tous les ordres, depuis les hauts barons et les évêques jusqu'au dernier tenancier, poussait Jean jusqu'au vertige : on eût dit que, pressé d'en finir, il cherchait tous les moyens de précipiter la catastrophe.

Il n'est sorte de vexations qu'il ne mît en œuvre. Ainsi, au retour de sa démonstration contre l'Écosse, il fit brûler les haies et combler les fossés dans toutes les forêts d'Angleterre, de sorte que les fruits de la terre étaient partout aux alentours livrés aux ravages des bêtes fauves. Puis il se fit rendre hommage par tous les francs tenanciers, et il voulut que même les enfants de douze ans vinssent lui jurer fidélité. Pour marquer sa haine aux bourgeois de Londres, il transféra l'Échiquier de Westminster à Northampton.

Un clerc qui étudiait à Oxford avait commis un homicide involontaire. Le gouverneur de la ville, n'ayant pu s'emparer de lui parce qu'il s'était hâté de fuir, mit la main sur trois autres clercs, ses amis et ses commensaux, qui ne savaient pourtant rien de ce qui s'était passé, et les jeta en prison. Quelques jours après, sur l'ordre du roi d'Angleterre, et au mépris des priviléges ecclésiastiques, ils furent conduits hors de la ville et pendus. Aussitôt trois mille clercs, maîtres et écoliers sortirent d'Oxford et se retirèrent, les uns à Cambridge, les autres à Reading ; il ne resta personne dans l'université.

Après son expédition en Irlande, le roi convoqua à Londres une assemblée de tous les dignitaires des ordres monastiques, abbés, prieurs, abbesses, templiers, hospitaliers, gardiens de l'ordre de Cîteaux et des autres ordres d'outre-mer, et il exigea d'eux la somme énorme de cent mille livres sterling, sans compter quarante mille livres d'argent qu'il extorqua aux moines blancs d'Angleterre, comme subside particulier.

Ainsi le pauvre peuple frappé dans ses moissons, les bourgeois dans leurs intérêts, les clercs dans leurs études, les évêques et les abbés dans leurs domaines, les barons dans leurs familles, tel était le gouvernement du roi Jean d'Angleterre. Comment une telle oppression, pesant à la fois sur tous, Normands et Saxons, riches et pauvres, n'aurait-elle pas fait disparaître toutes les inégalités de races et de classes?

Il y avait déjà près de deux ans que le despote exerçait dans toute l'Angleterre cette persécution universelle et infatigable; on avait perdu tout espoir qu'il voulût se corriger et donner satisfaction. Enfin le pape Innocent III ne put tolérer plus longtemps de pareils excès; aussi, résolu d'extirper jusqu'à la racine le scandale de l'Église, il ordonna aux évêques de Londres, d'Ely et de Worcester, de lancer l'excommunication sur le roi nominativement, et de faire publier solennellement, chaque dimanche et chaque jour de fête, dans toutes les églises conventuelles d'Angleterre, la sentence qui devait le rendre pour tous un objet d'horreur et de dégoût dont on évite le contact. Mais, quand les ministres de la colère pontificale eurent transmis à ceux des prélats et des abbés qui étaient restés en Angleterre l'ordre de faire exécuter les décisions du saint-siége, la terreur qu'inspirait la cruauté du roi, ou le désir de conserver sa faveur, les rendit tous muets, dit la chronique, ainsi que des chiens qui n'osent aboyer.

De son côté, Jean faisait exercer dans tous l

*g*

ports une surveillance rigoureuse; les théologiens à ses gages avaient beau lui dire que, tant que l'excommunication n'aurait pas été officiellement publiée en Angleterre, elle ne pouvait avoir d'effet, le roi prenait tous les moyens pour empêcher que la maudite bulle ne pénétrât clandestinement dans le royaume. Vains efforts : la sentence fut bientôt connue de tous; elle se répandit de rue en rue, de place en place; partout où les hommes se rassemblaient, la bulle était l'objet de leurs entretiens.

Un jour que Geoffroi, archidiacre de Norwich, siégeait à Westminster, dans l'Échiquier, il se mit à parler bien bas, avec ses collègues assis près de lui, de la sentence lancée contre le roi, disant qu'il n'était point sûr, pour des gens pourvus de bénéfices, de rester plus longtemps au service d'un prince excommunié; et aussitôt il retourna chez lui sans en demander la permission. Peu de temps après, ces faits étant venus à la connaissance du roi, il en fut fort ému, et envoya Guillaume Talbot avec des gens armés qui se saisirent de l'archidiacre, le chargèrent de lourdes chaînes et l'enfermèrent dans un cachot; quelques jours après, sur l'ordre du roi Jean, on le revêtit d'une chape de plomb, et on le laissa sans nourriture: le malheureux expira bientôt de fatigue et de faim.

Les juifs, qui ne pouvaient cependant pas être soupçonnés d'intelligence avec le pape, n'étaient pas traités avec moins de cruauté; il est vrai qu'ils étaient riches : ce fut leur grand crime pendant le moyen âge. En un jour le roi Jean fit prendre tous ceux qui se trouvaient en Angleterre, hommes et femmes; on les emprisonna, on les tortura jusqu'à ce qu'ils eussent sacrifié leurs biens à l'avidité du roi. Quelques-uns d'entre eux, pour échapper à d'affreux supplices, donnaient tout ce qu'ils possédaient et promettaient plus encore. Il y en eut cependant un à Bristol qui, déchiré et comme mis en lambeaux par des tortures de toute espèce, refusait opiniâtrément de se racheter; le roi ordonna alors à ses bourreaux de lui arracher chaque jour une des dents molaires, jusqu'à ce qu'il eût payé dix mille marcs d'argent. Pendant sept jours il s'en laissa ainsi arracher sept en souffrant les plus intolérables douleurs; mais le huitième jour, comme les bourreaux se mettaient à l'œuvre, il demanda grâce et donna l'argent qu'on lui demandait.

Et non-seulement il y avait des gens qui prêtaient leurs mains pour de telles atrocités, mais il s'en trouvait de plus misérables encore qui s'ingéniaient à les justifier comme parfaitement légitimes. A l'époque de l'interdit, un faux théologien, maître Alexandre, surnommé le Maçon, avait réussi à se glisser dans les conseils du roi; cet homme, par ses iniques exhortations, ne contribua pas peu à développer les instincts cruels de Jean. Il disait:

que le fléau qui désolait l'Angleterre ne provenait pas de la faute du roi, mais des crimes de ses peuples. Il affirmait qu'un roi était la verge de la fureur du Seigneur, qu'un prince n'était établi que pour gouverner ses sujets avec une verge de fer, pour les briser tous comme un vase d'argile, pour mettre des entraves aux pieds des puissants et des fers aux mains de ses nobles. Il disait aussi que le pape n'avait pas affaire des possessions laïques des rois ou des princes, non plus que du gouvernement; et, ajoute Matthieu Pâris, « il prouvait son dire par quelques arguments vraisemblables, à savoir que le Seigneur n'avait donné à Pierre, prince des apôtres, de puissance et d'autorité que sur l'Église et les choses ecclésiastiques. »

Cependant, en ce temps-là même, et comme en réponse aux doctrines de maître Alexandre, le pape Innocent III lança contre l'empereur Othon de Brunswick une sentence d'excommunication, et délia du serment de fidélité tous les barons d'Allemagne, ce qui augmenta sans doute la haine et la colère du roi Jean, proche parent et allié de l'empereur, mais en même temps ébranla beaucoup ses idées de résistance. Il est vrai qu'alors il sembla faire un pas pour se rapprocher du pape; des négociations s'ouvrirent à Northampton entre lui et deux agents du pontife, le sous-diacre Pandolphe et frère Durand, de la milice du Temple. Tant qu'il ne s'agit que de reconnaître Étienne Langton, de réintégrer les moines dans leurs couvents et les évêques bannis dans leurs diocèses, le roi se montra de facile composition ; mais, quand il fut question de dédommager les uns et les autres des torts qu'ils avaient soufferts et de leur restituer les revenus qu'il s'était violemment adjugés, l'avarice du monarque se révolta : il fut inflexible, et les députés d'Innocent revinrent en France sans avoir rien conclu. A vrai dire, c'était cause gagnée pour le pape que d'avoir surpris dans sa honteuse nudité l'âme d'un prince qui, dans cette lutte de suprématie entre le spirituel et le temporel, faisant bon marché des prérogatives et de l'indépendance de sa couronne, réduisait tout à une question d'argent. Aussitôt Innocent fulmina la bulle suprème qui déliait de leur serment de fidélité et de soumission tous les sujets du roi d'Angleterre, grands et petits, riches et pauvres. Le vide allait se faire autour de ce roi frappé comme d'un mal contagieux ; s'asseoir à sa table, siéger dans ses conseils, s'entretenir avec lui, c'était cause d'excommunication, cause d'anathème.

Déjà, dans une récente expédition contre les Gallois, un grand nombre de chevaliers avaient refusé de le suivre, quoiqu'il s'agît d'une guerre qui les intéressât beaucoup plus que les différends d'outre-mer ; Jean, fidèle à ses habitudes, leur avait imposé une amende de deux marcs d'argent. Cependant les Gallois, instruits sans doute des embarras de leur adversaire, sortirent de leurs retraites, prirent quelques châteaux, coupèrent la tête à tous les chevaliers et sergents qu'ils y trouvèrent, brûlèrent une foule de villages, et rentrèrent dans leur pays avec un immense butin, sans avoir perdu un seul homme. A cette nouvelle, le roi Jean se courrouça fort, dit la chronique, et, convoquant une foule innombrable de gens de cheval et de gens de pied, il résolut de dévaster tout le pays de Galles et d'exterminer tous les Gallois. A peine arrivé à Nottingham, avec une suite nombreuse, il se fit amener, avant de consentir à prendre aucune nourriture, vingt-huit enfants que les Gallois lui avaient livrés comme otages l'année précédente, et les fit pendre. Puis il se mit à table; mais, tandis qu'il s'occupait de manger et de boire, il reçut un message du roi d'Écosse qui lui donnait avis d'un complot; immédiatement après arriva un autre messager envoyé au roi par sa propre fille, femme de Léolyn, prince de Galles, et chargé de lettres semblables aux premières. Après son dîner, le roi se retira dans un lieu écarté et se fit exposer la teneur de ces deux messages, qui, venus de points bien différents, s'accordaient précisément sur les mêmes faits.

unoins le roi, sans tenir aucun compte de ces menaçants, s'étant rendu à Chester, fut encore averti par d'autres voies que, s'il persévérait dans l'expédition qu'il avait projetée, il serait tué par ses propres barons, ou livré par eux à la vengeance des Gallois. Alors il fut pris de trouble et de consternation, et sachant que ses sujets avaient été déliés de leur serment de fidélité, il ajouta plus de foi aux avis qu'on lui avait fait parvenir. Aussitôt il changea brusquement de résolution, licencia son armée, courut s'enfermer à Londres, et envoya demander des otages à tous les barons qu'il tenait pour suspects. Le plus grand nombre n'osa faire aucune résistance; mais Eustache de Vesci et Robert Fitz-Walter quittèrent secrètement le royaume et se réfugièrent, le premier en Écosse, le second en France. C'étaient les plus compromis dans la conjuration qui paraît avoir eu pour but de donner la couronne à Guillaume de Montfort.

La place que les barons proscrits ou mécontents laissaient vacante au pied du trône fut occupée aussitôt par des aventuriers du continent, dont Jean sans Terre avait toujours aimé à s'entourer, et qu'il savait attachés à sa fortune par une communauté de crimes, d'intérêts et de périls. Il y avait, entre autres, un certain Falcaise ou Faucon, qui tenait en garde un château dans la marche de Galles; c'était un Normand, un bâtard, un abominable routier qui ne reculait devant aucun excès; le roi, qui le connaissait bien et l'avait par conséquent en grande estime, le fit venir pour être le principal instrument de sa vengeance contre les barons; et d'abord, comme s'il eût voulu donner une marque du sort qu'il réservait à sa noblesse, il força une riche et honorée châtelaine, Marguerite de Redviers, d'épouser ce bandit. Mais en même temps il roulait dans sa pensée un projet inouï, qui devait confondre tous ses ennemis à la fois, en frappant d'abord le plus grand et le plus redoutable, le pape.

# CHAPITRE VII.

Impiété de Jean sans Terre. — Il envoie secrètement une ambassade au Miramolin. — Prédiction de l'ermite Pierre. — Innocent III offre la couronne d'Angleterre à Philippe Auguste. — Jean fait sa soumission entre les mains du légat Pandolphe et se reconnaît vassal du saint-siége. — Supplice de l'ermite Pierre.

Au XIIIᵉ siècle, les exactions, les violences, les plus choquants abus de la force, toutes choses qui sont proscrites dans nos sociétés policées et réglées, se produisaient fréquemment sans exciter beaucoup d'indignation ni soulever de résistance générale; ce n'était que le développement plus ou moins exagéré du régime féodal et de l'état des mœurs. Mais ce qu'on ne pouvait tolérer dans une époque d'enthousiasme chevaleresque, c'est qu'un roi ne fût pas brave; ce qu'on tolérait moins encore dans un siècle de croisades et d'ardeur religieuse, c'est qu'un roi fût impie. Jean fut despote, impie et lâche, et il poussa jusqu'aux dernières limites le despotisme, la couardise et l'impiété. Il en était venu, dit la chronique, à ce point de déraison qu'il mettait en doute la future résurrection des morts, et d'autres points de la foi chrétienne; il tenait, comme un homme en délire, des propos qu'on ne peut rapporter : cependant en voici un que nous avons cru devoir citer. Un jour qu'on dépouillait devant le roi un cerf très-gras qu'il avait pris à la chasse, il se mit à dire avec un air de moquerie : « Comme cet animal se portait bien ! pourtant il n'a jamais entendu la messe ! »

Deux grandes entreprises passionnaient alors toute la chrétienté, la guerre aux Sarrasins et la guerre aux Albigeois ; et les hérétiques d'outre-Loire n'excitaient peut-être pas moins d'horreur que les mécréants d'outre-mer. Cependant, tandis que Philippe Auguste croyait oser beaucoup en s'abstenant, par politique, de faire la guerre aux Albigeois, Jean s'alliait avec eux et leur envoyait, sous les ordres de Savary de Mauléon, des troupes qui guerroyaient contre les croisés de Simon de Montfort. Il est vrai que Jean n'était pas seul à les soutenir; le comte Raymond de Toulouse, le roi Pèdre d'Aragon, bravaient ainsi que lui le scandale d'une pareille alliance; mais ce que ni le comte de Toulouse, ni le roi d'Aragon, ni les Albigeois eux-mêmes, placés sous le couteau, n'auraient jamais imaginé en haine du pape et des hommes du nord, ...i d'Angleterre, Jean, frère de Richard Cœur ..., mendia l'amitié des païens africains; et ...dement il mit la couronne et la croyance de ses pères aux pieds d'un Sarrasin, mais ce fut avec tant de cynisme et de bassesse qu'il excita, suivant la chronique, l'indignation et le dégoût du mécréant lui-même.

Toute cette étrange négociation, dont Matthieu Pâris nous a conservé les détails, vaut la peine d'être citée mot pour mot. « Le roi Jean envoya, en toute hâte et dans le plus profond secret, deux chevaliers, Thomas Herdington et Raoul, fils de Nicolas, avec le clerc Robert de Londres, vers l'admiral Murmelin, grand roi d'Afrique, de Maroc et d'Espagne, que le vulgaire appelle Miramolin, pour lui faire savoir qu'il se livrait à lui volontairement avec son royaume, qu'il lui en faisait don et le tiendrait de lui, suivant son bon plaisir, à titre de tributaire. Bien plus, renonçant à la foi des chrétiens, qu'il regardait comme mensongère, il deviendrait un fidèle adhérent de la loi mahométane. Lorsque les envoyés chargés de cette mission secrète arrivèrent à la cour du prince, ils trouvèrent à la première porte quelques soldats gardant étroitement l'entrée, le glaive au poing. A la seconde porte du palais, ils en virent un plus grand nombre, armés de pied en cap, et plus richement vêtus que les premiers; ceux-ci gardaient également l'entrée l'épée à la main, et paraissaient plus forts et de plus haut rang que les autres. Enfin, à la porte de la salle intérieure se tenaient d'autres guerriers plus nombreux, et qui semblaient encore plus robustes et plus farouches. Introduits pacifiquement avec l'agrément de l'admiral, qu'on appelle le grand roi, les ambassadeurs et représentants du roi d'Angleterre le saluèrent avec respect, exposèrent tout au long l'objet de leur mission, et lui présentèrent la charte royale qu'un interprète, qui avait été mandé, traduisit fidèlement.

« Après avoir entendu cette lecture, le roi ferma un livre qu'il avait parcouru, car il étudiait assis près de son pupitre. C'était un homme entre deux âges et de moyenne taille, aux gestes graves, à la parole élégante et réfléchie. Après avoir paru délibérer quelque temps en soi-même, il répondit doucement : « Je lisais tout à l'heure un livre écrit « en grec, par un Grec sage et chrétien, nommé « Paul, et dont les actes et les paroles me plaisent « beaucoup ; je l'approuve fort, si ce n'est qu'il y a « une chose qui me déplaît en lui, à savoir qu'il « ne s'est pas tenu dans la loi sous laquelle il était « né, mais qu'il s'en est allé vers une autre, comme « un transfuge et un inconstant. Et je dis cela à « cause de votre maître le roi d'Angleterre, qui, « abandonnant la très-sainte et très-pure loi des « chrétiens, sous laquelle il est né, veut, comme « un homme de cire et sans consistance, passer à « une autre loi. » Et il ajouta : « Le Dieu tout- « puissant sait bien, lui qui sait toutes choses, que,

« si j'étais sans loi, je choisirais celle-là de préfé-
« rence à toute autre et l'embrasserais de tout
« mon cœur. »

« Ensuite, il demanda de quelle sorte étaient le
roi d'Angleterre et son royaume. Thomas, comme
le plus habile dans l'art de la parole, répondit :
« Notre roi est de race illustre, légitimement issu
« de grands rois, ses ancêtres. Son royaume est
« opulent et peut se suffire à lui-même ; il abonde
« en terres cultivées, en pâturages, en prairies et
« en forêts. Le sol renferme dans son sein toutes
« sortes de métaux, que l'industrie sait fondre. No-
« tre nation, belle et spirituelle, parle trois lan-
« gues, le latin, le français et l'anglais ; elle connaît
« à fond tous les arts mécaniques. Toutefois, notre
« terre ne produit ni la vigne, ni l'olivier, ni le
« sapin ; mais elle se les procure abondamment par
« son commerce avec les nations voisines. L'air y
« est salubre et tempéré ; située entre l'occident et
« le septentrion, elle prend à l'occident la chaleur,
« la fraîcheur au septentrion, d'où résulte une tem-
« pérature très-agréable. Enfermée de tous côtés
« par la mer, elle a mérité le nom de reine des
« îles. Le royaume est gouverné par un roi oint et
« couronné ; il est libre de toute antiquité, et la
« fierté de la nation ne reconnaît d'autre souverai-
« neté que celle de Dieu. L'Église et le culte de
« notre religion y prospèrent mieux qu'en aucun

« lieu du monde; en un mot, les lois du pape et
« du roi y règnent pacifiquement. »

« Poussant alors un profond soupir, le prince
répondit : « Je n'ai jamais lu ni ouï dire qu'un
« roi, possesseur d'un royaume si prospère, qui lui
« est soumis et obéissant, ait ainsi voulu sponta-
« nément anéantir sa propre autorité, faire d'un
« royaume indépendant un royaume tributaire,
« d'un royaume qui est sien un royaume étranger,
« d'un pays heureux un pays misérable, enfin,
« comme un homme qui se déclare vaincu sans
« avoir été blessé, se livrer à la merci d'un autre.
« Au contraire, j'ai lu et ouï dire de beaucoup
« d'hommes qu'ayant répandu leur sang par ruis-
« seaux et par torrents, ils ont conquis leur li-
« berté, ce qui est digne de louanges; aujourd'hui
« seulement, j'apprends qu'un maître comme le
« vôtre, misérable, paresseux[et lâche, qui est moins
« que rien, désire devenir de libre esclave, c'est-à-
« dire le plus misérable des mortels. »

« Ensuite, mais avec un air de mépris, il demanda quel âge avait ce roi, s'il était grand et vigoureux. On lui répondit qu'il avait cinquante ans,
les cheveux tout à fait blancs, le corps solide, la
taille peu élevée, mais plutôt les membres ramas-
sés et taillés pour la force. Après avoir entendu
ces détails, il reprit : « La chaude énergie de la
« jeunesse et de l'âge viril s'est déjà refroidie et

« commence à se glacer en lui. Avant dix ans,
« supposé qu'il vive jusque-là, les forces lui man-
« queront ; s'il entreprenait aujourd'hui quelque
« œuvre difficile, il échouerait sans aucun doute,
« et ne serait plus bon à rien. A cinquante ans,
« il décline sourdement ; à soixante, la décadence
« sera manifeste. Qu'à l'avenir il cherche la paix et
« assure son repos. » Se recueillant alors, et com-
parant dans son esprit les questions qu'il avait faites
avec les réponses des ambassadeurs, il garda quelque temps le silence ; puis, avec un air d'indignation contre le roi Jean, et un sourire plein de mépris, il dit encore : « Non ! cet homme-là n'est pas
« un roi, mais un roitelet qui vieillit et qui radote ;
« je n'ai que faire de lui ; il est indigne de s'allier
« avec moi. » Et fixant sur Thomas et sur Raoul un
œil menaçant, il s'écria : « Ne vous montrez plus
« en ma présence, et que vos regards ne rencon-
« trent plus les miens. L'infamie de votre maître,
« qui est un apostat et un insensé, exhale devant
« mes yeux une vapeur noire et fétide. »

« Tandis que les ambassadeurs se retiraient,
rouges de honte, l'admiral Murmelin regarda plus
attentivement le clerc Robert, le troisième envoyé ;
c'était un petit homme noir, qui avait un bras plus
long que l'autre, la main difforme, deux de ses
doigts adhérant l'un à l'autre, et un visage de juif.
Le roi, jugeant bien qu'un si chétif personnage

n'aurait pas été choisi pour une mission si difficile,
s'il n'eût eu de l'habileté, de la finesse et de l'intelligence, remarquant de plus sa couronne cléricale
et sa tonsure, et jugeant par là qu'il était clerc, le
fit rappeler; car, tandis que les autres parlaient,
Robert avait gardé le silence et s'était tenu à l'é-
cart. Le roi donc, qui méprisait les autres, le re-
tint auprès de sa personne et eut avec lui un long
et secret entretien, que Robert lui-même révéla
dans la suite à ses amis.

« Entre autres choses, il lui demanda si le roi
d'Angleterre avait quelque valeur, s'il avait engendré des enfants vigoureux, et s'il était habile aux
fonctions génératives. Il ajouta que, si Robert lui
déguisait la vérité en quelque chose, il n'ajouterait
jamais plus foi aux paroles d'un chrétien et d'un
clerc. Alors Robert jura, par la foi chrétienne, de
répondre avec franchise à toutes ses questions.
« Le roi Jean, dit-il positivement, est plutôt un ty-
« ran qu'un roi; il s'entend mieux à détruire qu'à
« gouverner; c'est l'oppresseur des siens et l'ami
« des étrangers, lion pour ses sujets, agneau pour
« les étrangers et pour les rebelles. Par sa lâcheté,
« il a perdu le duché de Normandie et beaucoup
  ··  ʳes terres; et maintenant il n'aspire plus qu'à
        ⵏ ou à détruire le royaume d'Angleterre.
        et insatiable dans ses extorsions, il envahit
    ⵏne les possessions de ses sujets naturels. Il

« a engendré peu ou point d'enfants vigoureux,
« bien dignes de leur père. Il a une femme qu'il
« déteste et qui le hait pareillement, femme in-
« cestueuse, sorcière, adultère, et plus d'une fois
« convaincue de tous ces crimes. Le roi, son mari,
« a surpris plusieurs de ses complices et les a fait
« étrangler sur son lit. De son côté néanmoins le
« roi a déshonoré par force les femmes d'un
« grand nombre de ses grands et même de ses
« proches ; il a séduit et corrompu leurs sœurs et
« leurs filles nubiles. Quant à la religion chrétienne,
« vous avez vu vous-même comme il est flottant et
« sans croyance. »

« En entendant ces révélations, le Miramolin ne
se contenta plus de parler avec mépris du roi Jean,
mais il se mit à le détester et à le maudire, suivant
sa religion, en s'écriant : « Comment ces misérables
« Anglais souffrent-ils qu'un tel monstre règne sur
« eux et les gouverne? Ils sont vraiment descendus
« au rang des femmes et des esclaves. — Les An-
« glais, répondit Robert, sont les plus patients de
« tous les hommes, jusqu'à ce que la mesure des
« offenses et des agressions soit comblée ; mais
« alors ils s'irritent, comme le lion ou l'éléphant
« qui se sent blessé et couvert de sang ; et ils se
« proposent, et ils s'efforcent, bien qu'un peu tard,
« de soustraire leurs cous au joug qui les op-
« prime.   Après avoir écouté cette explication,

l'admiral-roi blâma vivement la patience exces-
sive des Anglais, et se servit d'une expression que
l'interprète, présent à tout cet entretien, traduisit
nettement par le mot de peur.

« Le roi eut encore plusieurs conversations sur
ce sujet avec Robert, qui les raconta dans la suite
exactement à ses amis, en Angleterre. Puis, après
lui avoir fait de précieux cadeaux en or, en argent, en pierreries de toute sorte et en étoffes de
soie, il le renvoya en paix; mais il ne voulut ni
saluer les autres ambassadeurs ni leur faire le
moindre présent.

« Lorsque les députés, de retour en Angleterre,
rendirent compte à leur maître de ce qu'ils avaient
vu et entendu, le roi Jean s'affligea beaucoup et se
sentit l'âme pleine d'amertume, en se voyant ainsi
méprisé par le Miramolin et empêché dans ses
projets. Mais Robert fit hommage au roi des présents qu'il avait reçus, afin de lui montrer que,
bien qu'il se fût tenu d'abord à l'écart et en silence, il avait été plus favorablement écouté que
les autres. C'est pourquoi le roi Jean lui fit plus
d'honneur qu'aux deux autres envoyés, et lui
donna, en témoignage de sa satisfaction, la garde
de l'abbaye de Saint-Albans, quoiqu'elle ne fût pas
vacante; de sorte que, par une nouvelle et odieuse
exaction, il ne craignit pas, en dépit de ses serments, de récompenser son clerc avec le bien d'au-

trui.... Robert eut pour amis quelques-uns des principaux officiers de l'abbé, ainsi qu'un moine de Saint-Albans, à savoir messire Laurent Sénéchal, chevalier, un autre Laurent, clerc, et maître Gaultier, moine peintre; il leur montra les pierreries qu'il avait reçues du Miramolin et leur raconta les entretiens secrets qu'il avait eus avec lui; cette confidence fut faite par Robert à ses amis, en présence de Matthieu, qui a mis par écrit et rapporté toutes ces choses. »

Jean, qui faisait l'esprit fort, et dont l'impiété venait de recevoir une leçon si éclatante et si peu attendue, avait cependant toutes les terreurs et toutes les faiblesses de la superstition populaire. Il y avait alors dans la province d'York un ermite, nommé Pierre, qui avait grand renom de sagesse, parce qu'il avait, disait-on, prédit l'avenir maintes fois et à beaucoup de gens. Entre autres choses que l'esprit de prophétie lui avait révélées au sujet du roi, il affirmait et proclamait hautement, devant tous ceux qui voulaient l'entendre, que Jean ne serait plus roi au jour de l'Ascension prochaine ni plus tard, et que, ce jour-là, la couronne d'Angleterre serait transférée à un autre. Cette prédiction étant venue aux oreilles du roi, il se fit amener l'ermite, et lui demanda s'il devait mourir ce jour-là ou bien, autrement, par quel moyen il devait perdre son trône. « Sachez pour sûr, répondit l'er

mite, qu'au jour dit, vous ne serez plus roi, et si
je suis convaincu de mensonge, faites de moi ce
qu'il vous plaira. — Eh bien! dit le roi, qu'il soit
fait suivant ta parole! » et il le fit prendre par
Guillaume d'Harcourt, qui le tint enfermé à Corfe,
sous bonne garde, et chargé de lourdes chaînes,
jusqu'à ce que l'événement eût confirmé ou dé-
menti sa prédiction. Cette prophétie se répandit
rapidement jusque dans les plus reculées provinces
du royaume, et il n'y eut presque personne qui
n'y ajoutât foi, comme si elle fût venue du ciel.

Or, il y avait dans toute l'Angleterre, ajoute la
chronique, beaucoup de nobles dont Jean avait
déshonoré les femmes et les filles, d'autres que
ses exactions avaient réduits à la plus extrême misère, d'autres encore dont il avait banni les amis
et les proches, pour usurper leurs héritages; en
sorte qu'il avait presque autant d'ennemis qu'il y
avait de grands dans son royaume. Il en résulta
qu'en apprenant, dans ce moment de crise, qu'ils
étaient déliés de leur serment de fidélité, ils témoi-
gnèrent une grande joie; c'était même un bruit
public qu'ils avaient envoyé au roi de France une
charte, scellée du sceau de chacun des barons,
pour l'engager à venir sans crainte en Angleterre
recevoir leurs hommages et la couronne royale.

Tout sollicitait ou encourageait l'ambition de
Philippe Auguste; car, en même temps que les ba-

rons anglais faisaient auprès de lui cette importante démarche, Étienne, archevêque de Cantorbéry, Guillaume, évêque de Londres, et Eustache,
évêque d'Ely, se présentèrent à Rome devant le
pape Innocent, et là, après avoir énuméré les ré-
bellions et les énormités dont le roi Jean s'était
rendu coupable depuis le temps de l'interdit jusqu'à ce jour, en attaquant sans relâche, de ses
mains impies et cruelles, le Seigneur et la sainte
Église, ils supplièrent humblement le seigneur
pape de daigner abaisser un regard de pieuse
commisération sur l'Église d'Angleterre, comme
expirante et presque à l'agonie. Alors Innocent,
ayant pris conseil des cardinaux, des évêques et
autres personnes sages, déclara, par sentence définitive, que Jean, roi d'Angleterre, était déchu du
trône, et qu'un autre, plus digne que lui, serait
choisi par les soins du pape pour lui succéder.

En exécution de cette sentence, Innocent écrivit
au très-puissant roi de France, Philippe, afin qu'il
se chargeât de cette entreprise, pour la rémission de
tous ses péchés, et qu'il chassât le roi d'Angleterre
d'un trône que lui, Philippe et ses descendants, devaient posséder à perpétuité. Il écrivit en outre à
tous les barons, chevaliers et autres gens de guerre
de tous pays, pour les engager à prendre la croix
contre le roi d'Angleterre, à faire cette expédition
sous        ı roi de France, et à venger l'i-

jure de l'Église universelle. Il déclara aussi que tous ceux qui contribueraient de leurs biens et de leur personne à la chute de ce prince orgueilleux seraient placés, comme ceux qui visitent le tombeau du Seigneur, sous la protection de l'Église, tant pour leurs biens que pour leurs personnes et le salut de leurs âmes. Aussitôt après, il envoya en France, en qualité de légat *a latere*, le sous-diacre Pandolphe, accompagné de l'archevêque de Cantorbéry, des évêques d'Ely et de Londres, afin de veiller à l'exécution des mesures que nous venons de rapporter. Mais, avant de partir, Pandolphe reçut du pape des instructions secrètes, qui l'autorisaient, dans le cas où le roi Jean, mieux inspiré, voudrait donner satisfaction au Seigneur, à l'Église romaine et à tous ceux qui étaient intéressés dans cette affaire, à lui faire signer un acte de soumission, que Pandolphe reçut tout préparé, et à le réconcilier alors avec le siége apostolique.

Arrivés auprès de Philippe Auguste, qui avait convoqué, pour les entendre, une assemblée solennelle, composée des évêques, du clergé et des barons de France, les envoyés du pape lui firent connaître les résolutions du saint-siége. Philippe se hâta d'accueillir une sentence qui comblait tous ses vœux, et fit ses préparatifs de guerre. Tous les hommes de son vasselage, ducs, comtes, barons, chevaliers et sergents, eurent ordre de se rendre immédiatement à Rouen, bien munis d'armes et de chevaux, sous peine d'être poursuivis comme traîtres et félons. Une multitude de navires, chargés de blé, de vin et de provisions de toute sorte, furent rassemblés de toutes parts dans les ports de la Manche. De son côté, le roi Jean, averti par ses espions, avait essayé de gagner du temps, en envoyant à Rome l'abbé de Beaulieu, pour amuser le pape par une fausse négociation. Tiré de son apathie par l'imminence du danger, il réunit à Portsmouth une flotte supérieure à celle du roi de France, et qui, traversant inopinément la mer, surprit une escadre à l'embouchure de la Seine, détruisit les navires pressés dans le port de Fécamp, et brûla la ville de Dieppe.

Suscités par les mêmes menaces que Philippe avait lancées contre ceux qui refuseraient de le suivre, tous les hommes qui devaient au roi Jean le service militaire affluèrent à Douvres, et, quand les chefs de la milice eurent renvoyé dans leurs foyers une multitude de gens à peine armés qui avaient failli, en peu de jours, affamer le camp, il se trouva encore, le jour du dénombrement, dans la grande plaine de Barham-Down, tant en chevaliers d'élite qu'en sergents, arbalétriers et archers, soixante mille hommes de bonnes troupes; et si cette armée, dit éloquemment Matthieu Paris n'avait eu qu'un cœur et qu'une âme pour le d'Angleterre et pour la défense de la patrie, il n'y eût pas eu de prince sous le ciel contre qui le royaume d'Angleterre n'eût pu se défendre. Mais cette affluence même et ce zèle inaccoutumé rappelèrent au roi Jean le sinistre souvenir de cette expédition contre les Gallois où il avait failli se perdre; quoiqu'il eût parmi ses troupes un grand nombre de Flamands et d'autres étrangers, il connut, à des signes certains, que le danger qu'il courait n'était pas moindre, et aussitôt tombèrent cette grande sécurité et cette grande ardeur qui ne se promettaient rien moins que de noyer les Français avant qu'ils touchassent le sol de l'Angleterre.

A ce moment même où l'esprit du roi était ainsi frappé, deux frères de la milice du Temple se présentèrent devant lui pacifiquement et lui dirent : « Nous venons vers toi, ô roi très-puissant, de la part du sous-diacre Pandolphe, familier du seigneur pape; il veut avoir un entretien avec toi, dans ton intérêt et dans celui de ton royaume; car il a à te proposer certain traité de paix par lequel tu pourras te réconcilier avec Dieu et avec l'Église, encore que la cour romaine t'ait déclaré déchu du trône et condamné par sentence. » Le roi fit aussitôt engager Pandolphe à passer la mer au plus vite. Pandolphe, sur cette pressante invitation, vint le trouver à Douvres et lui dit : « Voici

que le très-puissant roi de France a rassemblé
à l'embouchure de la Seine une innombrable
multitude de navires ; entouré d'une foule de
chevaliers et de gens de pied, il attend que des
forces plus nombreuses encore se pressent autour
de lui pour fondre sur vous et votre royaume,
pour vous chasser violemment du trône comme
rebelle au Seigneur et au souverain pontife, et
pour s'emparer à perpétuité de l'Angleterre, par
l'autorité du siége apostolique. On voit venir avec
lui tous les évêques proscrits depuis longtemps,
tous les clercs et laïques exilés, qui, grâce à lui
et malgré vous, recouvreront leurs siéges épiscopaux et tous leurs biens, et qui lui devront désormais les respects et les hommages qu'ils ont
rendus jadis à vous et à vos prédécesseurs. En
outre, le roi de France se vante d'avoir entre les
mains des chartes de fidélité et d'obéissance, munies des sceaux de presque tous les barons d'Angleterre ; aussi a-t-il pleine confiance de mener à
bon terme l'entreprise qu'il commence. Veillez
donc maintenant au moins à vos intérêts bien
compromis ; revenez à la prudence et ne différez
plus d'apaiser le Seigneur, dont vous avez pro-
voqué la vengeance redoutable. Si en effet vous
voulez donner caution suffisante que vous obéirez
au jugement de l'Église, et vous humilier devant
celui qui s'est humilié pour vous, vous pourrez,

par la clémence du siége apostolique, recouvrer
votre royaume, dont Rome vous a déchu pour
châtier votre opiniâtre orgueil. Aujourd'hui donc,
pour que vos ennemis ne se réjouissent pas de
votre ruine, rentrez dans votre cœur, ou craignez
de vous engager dans un tel embarras que vous
voudriez en vain et que vous ne pourriez en
sortir. »

En entendant ces paroles qui lui donnèrent
beaucoup à réfléchir, le roi Jean se sentit profondément troublé, car il voyait de tous côtés le péril
sur sa tête. Il y avait quatre motifs principaux qui
le poussaient à faire pénitence et à donner satisfaction : le premier, c'est qu'il était excommunié
depuis cinq ans et qu'il avait tant offensé Dieu et
la sainte Église qu'il désespérait du salut de son
âme; le second, c'est qu'il redoutait l'arrivée du
roi de France, dont l'attitude menaçante et la
nombreuse armée, campée sur l'autre rivage,
présageaient et préparaient sa chute; le troisième,
c'est qu'il craignait que, s'il en venait aux mains
avec l'ennemi, les barons et le peuple d'Angleterre ne le laissassent tout seul sur le champ de
bataille ou ne le livrassent à la haine de ses ennemis; enfin, ce qui le troublait plus que toute
autre chose, le jour de l'Ascension approchait,
terme fatal où, suivant la prophétie de l'ermite

, il craignait de perdre avec la vie le

royaume temporel et le royaume éternel. Épouvanté et désespéré, il se rendit aux conseils de Pandolphe, et se soumit, non sans douleur, aux conditions qu'il lui imposait. Le roi jura donc, en présence du légat et la main sur les saints Évangiles, qu'il obéirait au jugement de l'Église; seize comtes et barons des plus puissants du royaume jurèrent avec lui sur l'âme de leur roi que, s'il venait à se repentir de la présente convention, eux-mêmes le contraindraient, selon leur pouvoir, à donner satisfaction.

Le 13 mai de l'année 1213, qui se trouvait le lundi avant l'Ascension, le roi Jean, Pandolphe, les comtes, les barons et une grande foule se réunirent à Douvres, et là on convint unanimement d'un traité de paix dont nous citerons le préambule et quelques articles : « Jean, par la grâce de Dieu, roi d'Angleterre, à tous ceux qui les présentes verront, salut. Par ces lettres patentes, munies de notre sceau, nous voulons qu'il soit notoire qu'en notre présence quatre de nos barons, Guillaume, comte de Salisbury, notre frère, Réginald, comte de Boulogne, Guillaume, comte de Warenne, et Guillaume, comte de Ferrières, ont juré sur notre âme que nous ferions observer en tous points et de bonne foi le traité de paix que voici. En premier lieu, nous avons juré solennellement et absolument, en présence du

légat ou nonce, d'obéir aux commandements du
seigneur pape, en tout ce qui motive l'excommunication qu'il a prononcée contre nous.

« Nous donnerons paix véritable et pleine sécurité aux vénérables hommes, Étienne, archevêque
de Cantorbéry, Guillaume, évêque de Londres,
Eustache, évêque d'Ely, Gilles, évêque de Hereford,
Jocelin, évêque de Bath, et Hubert, évêque de Lincoln, au prieur et aux moines de Cantorbéry, à Robert, fils de Gaultier, à Eustache de Vesci, et à tous
autres clercs et laïques intéressés dans cette affaire;
prêtant en même temps, en présence dudit légat,
le serment public, que nous ne les léserons ni eux
ni les leurs, que nous n'ordonnerons ni ne souf-
frirons qu'ils soient lésés dans leurs personnes ou
dans leurs biens. Et si, par malheur (Dieu veuille
qu'il n'en soit pas ainsi!) nous contrevenons à ces
articles, par nous ou par d'autres, ils pourront,
dans l'intérêt de l'Église et contre les violateurs de
la sécurité et de la paix, s'en référer aux prescriptions apostoliques.... Nous ferons parvenir
audit archevêque et auxdits évêques, avant leur
entrée en Angleterre, toutes les lettres qui doivent être exhibées pour leur sécurité.... Nous
donnons à tous, tant clercs que laïques, pleine
restitution de ce qui leur a été enlevé, et compen-
sation suffisante pour le tort qu'ils ont éprouvé,
non-seulement dans leurs biens, mais aussi dans

leurs libertés, que nous promettons de maintenir.... Nous ferons sur-le-champ mettre en liberté tous les clercs que nous retenons captifs, ainsi que les laïques qui sont détenus à l'occasion de cette affaire. Aussitôt après l'arrivée de celui qui nous doit absoudre, nous ferons assigner aux délégués de l'archevêque, des évêques et des moines de Cantorbéry, à compte sur les restitutions et compensations stipulées, une somme de huit mille livres sterling....

« Nous révoquerons publiquement l'interdit, vulgairement appelé *outlagation*, que nous avions prononcé contre les personnes ecclésiastiques, en protestant, par nos lettres patentes qui seront remises à l'archevêque, qu'il ne nous appartient en aucune sorte et que nous nous garderons à l'avenir de prononcer l'interdit contre les personnes ecclésiastiques, révoquant en outre l'outlagation prononcée contre les laïques intéressés dans cette affaire.... Quand toutes ces choses auront été accomplies suivant les règles, la sentence d'excommunication et d'interdit sera levée. S'il s'élève quelque doute au sujet des stipulations précédentes, et que la difficulté ne puisse être tranchée, avec l'agrément des parties, par le légat du seigneur pape, qu'elle soit portée à l'arbitrage du pape lui-même, et qu'on observe ce qu'il aura décidé à ce sujet. »

Innocent remportait donc une victoire complète ; cependant il la voulut encore plus éclatante, trop éclatante sans doute. Deux jours après que le roi Jean eut fait cette soumission publique et solennelle qui semblait mettre fin à toute la querelle, les mêmes personnages qui avaient assisté à la précédente assemblée se réunirent encore dans la maison des chevaliers du Temple. Là fut produite et publiée en leur présence une autre charte ainsi conçue : « Jean, par la grâce de Dieu, roi d'Angleterre, etc.... Comme, pour la satisfaction que nous devions faire à Dieu et à l'Église, nous ne pouvions rien offrir de mieux que de nous humilier nous et notre royaume, voulant donc nous humilier pour celui qui s'est humilié pour nous jusqu'à la mort, inspiré par la grâce du Saint-Esprit et poussé, non par la violence de l'interdit ni par la crainte, mais par notre bonne et spontanée volonté, sur le conseil commun de nos barons, nous conférons et concédons librement à Dieu, aux saints apôtres Pierre et Paul, à la sainte Église romaine notre mère, au seigneur pape Innocent et à ses successeurs catholiques, tout le royaume d'Angleterre et le royaume d'Irlande, avec tous droits et toutes dépendances.... Désormais nous recevrons et tiendrons lesdits royaumes comme feudataires du pape et de l'Église romaine....

« En foi de quoi, nous avons juré fidélité au seigneur pape Innocent, à ses successeurs catholiques et à l'Église romaine, entre les mains de Pandolphe, et, s'il nous arrive d'être en présence du seigneur pape, nous lui ferons l'hommage accoutumé.... Pour marque de notre perpétuelle dépendance et concession, nous voulons et établissons que.... sans préjudice aucun du denier de Saint-Pierre, l'Église romaine reçoive par an mille marcs sterling, à savoir cinq cents à la fête de saint Michel et cinq cents à Pâques.... sous la réserve, pour nous et nos héritiers, de nos justices, libertés et droits régaliens. Voulant que tout ce qui est écrit ci-dessus demeure fixe et irrévocable, nous nous engageons, pour nous et nos successeurs, à n'y pas contrevenir, et, si quelqu'un de nous avait l'audace d'y attenter en quelque chose, les avertissements n'ayant pu l'amener à résipiscence, qu'il soit déchu du trône....

« Fait sous nos yeux, dans la maison des chevaliers du Temple, à Douvres, en présence de Henri, archevêque de Dublin, de Jean, évêque de Norwich, de Geoffroi, fils de Pierre, de Guillaume, comte de Salisbury, de Guillaume, comte de Pembroke, de Réginald, comte de Boulogne, de Guillaume, comte de Warenne, de Saër, comte de Winchester, de Guillaume, comte d'Arundel, de Guillaume, comte de Ferrières, de Guillaume Briwere, de

Pierre, fils de Herbert, de Guérin, fils de Gérold, le quinzième jour de mai, l'an quatorzième de notre règne. » Aussitôt après la lecture de cette charte, elle fut remise à Pandolphe, et le roi, déposant sa couronne aux pieds du légat, qui la garda pendant cinq jours, prêta entre ses mains serment de fidélité au pape, dans les formes et dans les termes imposés en pareil cas au vassal vis-à-vis de son suzerain.

Cependant, dit le chroniqueur, le jour de l'Ascension approchait, c'était le lendemain même; et non-seulement le roi, mais encore tous les autres, tant absents que présents, étaient dans l'attente et dans l'inquiétude, parce que l'ermite Pierre avait affirmé au prince lui-même qu'au _ de l'Ascension il ne serait plus roi. Mais, _
_ Jean eut passé sain et sauf ce jour redouta_ donna ordre qu'on tirât du château de Co _ l'ermite qu'on y tenait enchaîné; il le fit lier à queue d'un cheval, traîner par les rues dans bourg de Wareham et pendre au gibet avec sou fils. Bien des gens trouvèrent indigne que Pierre fût puni d'une mort si cruelle pour avoir affirmé la vérité; car les faits qui viennent d'être racontés prouvaient suffisamment qu'il n'avait pas menti.

# CHAPITRE VIII.

Destruction de la flotte française. — Étienne Langton et les évêques proscrits rentrent en Angleterre. — Promesses du roi. — Agitation parmi les barons. — Assemblée de Saint-Albans. — La charte de Henri I<sup>er</sup> est retrouvée. — Levée de l'interdit. — Bataille de Bouvines. — Confédération des barons à Saint-Edmundsbury. — Innocent III prend le roi sous sa protection. — Premières hostilités. — Alliance des bourgeois de Londres avec les barons.

Pierre n'avait pas menti, car, en ce jour de l'Ascension, le vrai roi d'Angleterre et d'Irlande, c'était le pape, suzerain de Jean sans Terre, et non plu Jean, vassal du pape. Pour comble d'humiliati cet acte qui, en abaissant la majesté royale, f it tous les barons anglais de rétrograder d'un dans la hiérarchie féodale, bien loin d'avoir comme le précédent, arraché par la cont nte, se produisait au contraire librement et volontairement. Placé entre trois ennemis dont l'alliance, tous les jours plus intime, menaçait, en se resserrant, d'étouffer sa puissance, Jean avait cru faire un coup de maître, non-seulement en désarmant, par sa soumission, le plus redoutable, mais en mêlant sa cause à la sienne : voilà pourquoi il cr vant de la servitude.

Il faut dire que l'événement parut d'abord justifier sa politique. Le protecteur qu'il n'avait pas accepté, mais qu'il s'était donné lui-même, commença par lui rendre un signalé service. Ce même Pandolphe, dont l'ardeur belliqueuse avait mis la France entière sous les armes, parut sur le continent pour conjurer l'orage. Mais tous ses efforts eussent peut-être échoué contre l'indignation de Philippe Auguste, si le comte de Flandre, allié secret du roi d'Angleterre, n'avait donné le signal de la défection en refusant de suivre son suzerain dans une expédition qu'il prétendit injuste. La colère de Philippe retomba sur l'insolent vassal; forcé de renoncer à l'Angleterre qu'on lui avait promise; il jura, par tous les saints de France, ou que la France serait Flandre, ou que la Flandre serait France. Mais il parut que Dieu n'était plus avec lui : sa flotte, surprise entre Dam et l'Écluse par Guillaume de Salisbury, frère du roi Jean, fut presque totalement détruite, et il fut obligé de rentrer, tout frémissant, dans son royaume.

Un tel succès réveilla l'orgueil du roi d'Angleterre, qui se crut au moment de recouvrer ses domaines du continent. Oubliant et ses infortunes si récentes et l'anathème qui paralysait encore son pouvoir, il ordonna à tous ses vassaux, convoqués à Portsmouth, de se tenir prêts à passer dans le Poitou. Mais les barons le rappelèrent rudement au

souvenir de ses humiliations et des conditions ex-
presses sans lesquelles il ne pouvait être relevé de
la sentence pontificale. Aucun d'eux ne voulut
s'embarquer avant que les bannis eussent été rap-
pelés et réintégrés dans tous leurs droits. Arrêté
par cet obstacle, le roi envoya les chartes de vingt-
quatre comtes et barons à l'archevêque et aux
évêques proscrits, pour les engager à rentrer sans
crainte en Angleterre. Leur retour fut un triomphe;
en arrivant à Winchester, où Jean était venu les
recevoir, ils le trouvèrent prosterné, les suppliant
avec larmes d'avoir pitié de lui et du royaume.
Alors ils le relevèrent en pleurant, et, se plaçant à
droite et à gauche, ils le menèrent sous le porche
de la cathédrale. Là, après qu'on eut chanté le cin-
quantième psaume, ils lui donnèrent solennellement l'absolution, suivant les rites de l'Église, et
le roi, en présence de tous les barons, la main
étendue sur les saints Évangiles, jura qu'il chéri-
rait et défendrait contre tous adversaires la sainte
Église et ses membres, qu'il rétablirait les bonnes
lois de ses prédécesseurs, et principalement celles
du bon roi Édouard, et qu'il détruirait les mauvaises, qu'il jugerait tous ses hommes selon les
justes jugements de sa cour, et qu'il rendrait à chacun son droit. Il renouvela enfin le serment de fidélité et d'obéissance au pape Innocent et à ses
successeurs catholiques. Ensuite l'archevêque,

l'ayant introduit dans l'église, célébra le saint
sacrifice, qui fut suivi du banquet royal où la
commune allégresse sembla le gage d'une réconciliation sincère.

Jamais pourtant cérémonie publique n'étala plus
de mensonge. L'archevêque et le roi s'étaient em-
brassés en pleurant; mais l'un pleurait de joie et
l'autre de honte au spectacle du despotisme vaincu.
En mettant le pied sur le sol de l'Angleterre,
Langton avait cessé d'être, ou plutôt il n'avait jamais été, dans sa conscience, la créature du pape.
Anglais et homme de cœur, ainsi qu'Innocent l'a-
vait proclamé lui-même en le recommandant aux
suffrages des moines de Cantorbéry, il ne s'était jamais proposé que de maintenir l'indépendance de
son pays et la dignité de son Église. Chef, par son
droit primatial, du clergé d'Angleterre, il se plaça
d'abord, sans intrigue comme sans violence, par
la seule autorité de son caractère et la seule force
de son génie, à la tête de l'aristocratie féodale, si
naturellement et si justement que personne ne s'é-
tonna qu'il fût venu du premier coup au premier
rang.

Jean lui-même, quoiqu'il regardât Langton
comme son principal ennemi, fut obligé de céder
à l'entraînement général, et quand, exonéré de
l'anathème, il s'empressa de retourner à Portsmouth pour exécuter enfin ses grands projets sur

le Poitou, il ne put faire autrement que de recommander à Fitz-Peter, le justicier, et à l'évêque de Winchester, auxquels il confiait la régence, de prendre l'avis de l'archevêque de Cantorbéry sur toutes les affaires du royaume. Leur premier soin, après le départ du roi, fut de convoquer à Saint-Albans une assemblée où se rendirent en foule les évêques et les barons. On y publia solennellement la paix récente; et il fut ordonné, sous forme de proclamation royale, que les lois de Henri I<sup>er</sup> fussent partout observées, les abus supprimés, avec défense expresse aux vicomtes, forestiers et autres officiers royaux, de commettre aucune injustice envers qui que ce fût, s'ils tenaient à conserver leur vie et leurs membres.

Jean cependant subissait à Portsmouth un nouvel et bien sensible échec. Il avait trouvé d'abord une grande foule de chevaliers; mais ceux-ci prétendaient que, depuis l'époque de la première convocation, à laquelle ils s'étaient hâtés d'obéir, le temps de leur service était légalement expiré, qu'ils avaient dépensé tout leur argent, et que, si le roi ne leur fournissait pas sur le fisc les sommes nécessaires, ils ne pourraient le suivre en Poitou. Jean s'emporta, refusa et mit à la voile au premier vent favorable; au bout de trois jours, il abordait à Jersey avec sept navires; aucun chevalier ne vint le rejoindre; ceux qu'il attendait se pressaient autour de Langton à l'assemblée de Saint-Albans. Il revint donc, tout ému de colère, et jurant de punir les traîtres qui l'avaient encore une fois abandonné. Mais, tandis qu'il armait à grand bruit ses mercenaires, l'archevêque vint le trouver à Northampton, et lui remontra que ce serait une grave atteinte au serment qu'il avait prêté le jour de son absolution, que d'attaquer, sans un jugement de sa cour, quelqu'un de ses vassaux. A ces mots, le roi protesta bruyamment qu'il n'allait pas différer les affaires de son royaume pour l'archevêque, qui d'ailleurs n'avait rien à voir aux jugements laïques. Le lendemain, au point du jour, il partit pour Nottingham comme un furieux. L'archevêque l'y suivit et lui déclara avec fermeté que, s'il ne se désistait au plus tôt de ses entreprises, lui, Éteinne, envelopperait dans les liens de l'anathème tous ceux, le roi seul excepté, qui tourneraient leurs armes contre qui que ce fût avant la levée de l'interdit. Il ne fallut pas davantage pour abattre le grand courroux du prince, qui crut pallier sa défaite en sommant les barons de comparaître, à jour marqué, devant sa cour.

On comprend combien un tel succès, obtenu par la seule énergie de son caractère, dut augmenter la popularité de Langton et donner de force à la cause nationale. A quelques jours de là, le 25 août 1213, une grande assemblée fut convoquée à Lon-

dres, dans l'église de Saint-Paul. Le prétexte était
de peu d'importance, quelques règlements relatifs
aux offices canoniques ; mais, dans une réunion secrète des principaux du royaume, le cardinal leur
parla ainsi : « Vous savez comment j'ai absous
moi-même le roi à Winchester, et comment je
l'ai forcé de jurer qu'il détruirait les mauvaises
lois pour rétablir les bonnes, c'est-à-dire celles
du roi Édouard, et les faire observer par tous
dans le royaume. Or, on vient de découvrir une
charte de Henri Ier, roi d'Angleterre, par laquelle, si vous le voulez, vous pourrez restaurer
dans leur premier état vos libertés depuis longtemps perdues. » Et il en donna lecture. Dans
ces temps d'ignorance, où les idées étaient si rares
et les moyens de les communiquer plus rares encore, on s'entretenait quelquefois des lois d'É-
douard, des libertés anciennes; on les regrettait,
mais sans les connaître. La révélation de Langton
fut donc accueillie avec enthousiasme : les vagues
murmures, dont Jean s'inquiétait peu, se tradui-
sirent désormais en expressions nettes et précises;
la nation anglaise enfin avait retrouvé ses titres,
que les barons s'engagèrent par serment à défendre, s'il le fallait, jusqu'à la mort, quand les
temps seraient venus.

Jean ignora ou feignit d'ignorer cette conjuration. Tel était son caractère; il niait le péril pour

n'avoir pas à s'en préoccuper ; et, quand il y avait
échappé en courbant la tête, il en noyait le souvenir dans le vin et la débauche. Passant avec rapidité de l'extrême abattement à l'extrême orgueil, il
célébrait alors comme une victoire la mort de Geoffroi Fitz-Peter, le grand justicier. Ce fut, dit la
chronique, une grande perte pour le royaume, dont
il était la plus ferme colonne. Homme de haute
naissance, connaissant les lois, riche en toute sorte
de biens, allié par le sang ou par l'amitié à tous
les grands barons de l'Angleterre, Geoffroi Fitz-
Peter était plus redoutable au roi que tout autre,
car il tenait les rênes du gouvernement. Après sa
mort, l'Angleterre devint comme un vaisseau sans
gouvernail pendant la tempête. Cette tempête, à
vrai dire, avait commencé le jour de la mort de
Hubert, archevêque de Cantorbéry, prédécesseur
de Langton.

Lorsqu'on vint annoncer au roi Jean que Fitz-
Peter n'était plus, il dit par manière de raillerie :
« Quand il sera descendu en enfer, qu'il salue
l'archevêque Hubert ; il l'y trouvera sans aucun
doute. » Et, se tournant vers les assistants, il a-
jouta : « Par les pieds du Seigneur, je commence
aujourd'hui à être roi et souverain d'Angleterre. »
Il haïssait tous ses barons comme race de vipères,
mais surtout Saër de Quency, Robert Fitz-Walter
et l'archevêque de Cantorbéry. Pour les perdre, il

résolut d'implorer contre eux, à titre de vassal et de tributaire, l'assistance du pape, et d'attirer les foudres de l'Église sur la tête de ceux-là mêmes dont Innocent naguère était le patron. Une fois excommuniés, Jean pourrait exercer contre eux toute sa rage, les dépouiller, les charger de fers, les torturer, les égorger à plaisir.

En ce moment arrivait en Angleterre Nicolas, évêque de Tusculum, chargé, comme légat du saint-siége, de lever l'interdit après avoir réglé les derniers différends entre le roi et ceux qui avaient souffert pour la cause d'Étienne Langton. Jaloux de mettre dans ses intérêts ce puissant personnage, Jean s'empressa de renouveler devant lui l'humiliante cérémonie où Pandolphe, quelques mois auparavant, avait joué un rôle si superbe. Devant le maître-autel de l'église de Saint-Paul, en présence du clergé et du peuple, il mit entre les mains du légat sa couronne royale; il fit plus : la charte d'obéissance qui avait été remise à Pandolphe n'avait qu'un sceau de cire, celle qui fut donnée à l'évêque de Tusculum était munie du sceau d'or; Pandolphe n'avait reçu que le serment de fidélité, Nicolas reçut l'hommage comme s'il avait été le pape lui-même. Aussi, dans les longues discussions que soulevèrent les questions de restitution et de dommages à propos de l'affaire de Cantorbéry, l'évic̜         ̃té du légat souleva parmi les ⸶

téressés de vives récriminations. On l'accusait en outre de s'immiscer, contrairement aux priviléges de l'Église anglicane, dans les élections canoniques et dans la distribution des bénéfices.

Toutes ces contestations furent portées à Rome. Pandolphe, chargé de soutenir, avec l'assentiment du roi, les prétentions de l'évêque de Tusculum, dénigra, autant qu'il put, l'archevêque de Cantorbéry aux yeux du pape, et fit au contraire un grand éloge du roi d'Angleterre, disant qu'il n'avait jamais vu dans un prince tant d'humilité et de modestie; aussi le roi obtint bientôt toute la faveur du pontife. Simon de Langton, frère de l'archevêque, eut beau répondre aux allégations de Pandolphe; la charte royale, scellée du sceau d'or, eut plus d'éloquence que maître Simon, et les évêques ne purent obtenir gain de cause. Vers le milieu de l'année suivante, toutes les indemnités étant réglées par le souverain pontife, l'interdit fut solennellement levé pour tout le royaume, le jour de la fête des saints apôtres, dans la cathédrale de Saint-Paul; il avait duré six ans trois mois et quatorze jours.

A cette époque, le roi Jean n'était pas en Angleterre; il avait enfin réussi à passer sur le continent. Tandis que ses alliés, l'empereur d'Allemagne Othon et Ferrand, comte de Flandre, attaquaient la France par le nord, Jean, qui avait pris terre à la

Rochelle, menaçait l'Anjou et la Bretagne. La bataille de Bouvines rompit toutes ses mesures. A la nouvelle de ce grand désastre, il dit à ceux qui l'entouraient : « Voyez quel malheur ! depuis que je me suis réconcilié avec Dieu et que j'ai soumis à l'Église romaine ma personne et mon royaume, rien ne m'a réussi, je n'ai subi que des disgrâces. » Quoiqu'il eût une armée nombreuse, il n'attendit pas le vainqueur ; mais il sollicita une trêve de cinq ans, et s'enfuit en Angleterre. De nouvelles tribulations l'y attendaient.

Un mois à peine après son retour, le 20 novembre 1214, les barons se réunirent à Saint-Edmundsbury, sous prétexte d'y prier, dit la chronique, mais en réalité pour délibérer sur les moyens de revendiquer les libertés contenues dans la charte de Henri Ier. Le résultat de leurs délibérations fut grave. S'avançant tour à tour, et dans l'ordre hiérarchique, au pied de l'autel, les barons jurèrent que, si le roi se refusait à octroyer les lois et libertés susdites, ils renonceraient à leur allégeance et lui feraient la guerre jusqu'à ce qu'il eût confirmé toutes leurs demandes par une charte munie de son sceau. Ils convinrent ensuite unanimement de se présenter tous ensemble devant le roi, après la fête de Noël, pour obtenir de lui la confirmation des libertés anciennes, et jusque-là, de se pourvoir de chevaux et d'armes, de façon que si Jean voulait, comme ils le croyaient bien d'après sa duplicité habituelle, se dégager de son propre serment, ils l'obligeassent sur-le-champ, par la prise de ses châteaux, à leur donner satisfaction.

C'était la coutume, aux fêtes de Noël, que les barons vinssent saluer le roi tenant sa cour, et recevoir ses présents. Mais en se voyant presque seul à Worcester, où il s'était rendu cette année-là, Jean prit peur et courut à Londres s'enfermer dans le Temple-Neuf. Quelques jours après, le 5 janvier 1215, les barons se présentèrent, dans un appareil militaire assez redoutable, et demandèrent au roi la confirmation des lois du roi Édouard, ainsi que des libertés octroyées à la noblesse, au royaume et à l'Église d'Angleterre, telles qu'elles étaient contenues dans la charte de Henri Ier. Ils affirmèrent en outre qu'à l'époque de son absolution à Winchester, il avait promis de rétablir et observer ces vieilles lois et libertés. Le roi, voyant la ferme résolution des barons et craignant par-dessus tout d'être attaqué, répondit que ce qu'ils demandaient était une chose grave et difficile, qu'il les priait de lui donner trêve jusqu'à Pâques closes, afin qu'il pût en délibérer et pourvoir à la dignité de sa couronne. Enfin, après de longs pourparlers de part et d'autre, Jean se vit contraint d'offrir à ses adversaires, comme garant de sa parole, le chef même de la ligue, Étienne Langton, avec l'évêque d'Ely et Guillaume Marshall, comte de Pembroke.

Dans cet intervalle, il mit tout en œuvre pour sortir d'une situation désespérée. Par toute l'Angleterre, il se fit jurer fidélité à lui seul contre tous et renouveler les hommages ; les châteaux furent approvisionnés, les défenses mises en état, les garnisons renforcées d'une foule de chevaliers et de mercenaires tirés de la Flandre et du Poitou. En même temps, il cherchait à semer la division parmi ses ennemis ; pour ramener le clergé à sa cause, il garantit par une charte la liberté des élections canoniques, promettant de n'user désormais d'aucune influence pour diriger les suffrages des chapitres sur tel ou tel candidat.

Des deux côtés on envoya des députés à Rome, Guillaume de Mauclerc pour le roi, Eustache de Vesci pour les barons. Le jugement du pape ne pouvait être douteux : écrivant d'abord à Langton, il lui dit qu'on l'accusait d'avoir fomenté ces troubles, et lui commanda d'employer toute son autorité à rétablir l'harmonie entre le roi et la noblesse ; dans une seconde lettre aux barons, il employait à la fois les caresses et les menaces, leur promettant, s'ils se conduisaient avec humilité, d'obtenir de la bonne volonté du roi tout ce qu'ils pouvaient raisonnablement attendre, prêt d'ailleurs à lancer l'anathème contre toute conjuration qui aurait pour but d'extorquer par la violence ce qu'ils auraient dû solliciter comme une faveur. Menaces et promesses, tout fut inutile : les barons avaient trop conscience de leur droit et de leur force pour s'émouvoir des derniers retours d'un adversaire aux abois, non pas même du vœu qu'il fit, le 2 février, jour de la Purification de la bienheureuse Vierge, de conduire une armée en Palestine, afin, dit Matthieu Pâris, de se mettre sous la protection de la Croix ; mais, ajoute le malin chroniqueur, il agit ainsi plutôt par crainte que par dévotion ; dans le doute, il faut adopter l'opinion la plus favorable.

Pendant la semaine de Pâques, deux mille chevaliers, presque toute la noblesse d'Angleterre, avec une foule d'écuyers, de sergents, de gens de tous bien armés, s'étaient réunis à Stamford, le comté de Lincoln ; le lundi après l'octave Pâques, ils s'avancèrent jusqu'au bourg de Brackley. Le roi, qui était à Oxford, envoya vers eux l'archevêque de Cantorbéry, Guillaume Marshall, comte de Pembroke, le comte de Warenne et quelques autres prud'hommes, pour leur demander quelles étaient ces lois et ces libertés qu'ils réclamaient. Alors les barons remirent à ces envoyés une cédule qui contenait les antiques lois et coutumes du royaume, affirmant que, si le roi ne les leur octroyait sur-le-champ et ne les confirmait de son sceau, ils sauraient bien l'y contraindre par la force.

L'archevêque, de retour avec ses compagnons, présenta la cédule au roi, et se mit à lui en réciter de mémoire tous les articles, les uns après les autres. Tout à coup le roi se prit à ricaner d'un air sinistre : « Comment, s'écria-t-il, comment peuvent-ils se contenter de ces exactions iniques? Pourquoi ne demandent-ils pas aussi mon royaume? Leurs réclamations sont vaines, mensongères, sans prétexte ni fondement raisonnable. » Puis il ajouta avec un affreux jurement : « Jamais je ne leur accorderai de telles libertés, qui de roi me feraient esclave. » Cependant, comme il ne se sentait pas en état de soutenir la lutte, et qu'il n'avait pas grande confiance dans l'appel qu'il avait fait au pape, suzerain de l'Angleterre, il offrit en premier lieu d'abolir les mauvaises coutumes qui s'étaient introduites sous son règne et sous le règne de Richard, puis même de s'en rapporter au jugement de sa cour pour les abus qui remontaient au temps de Henri II. Les barons furent inflexibles. Alors Pandolphe et l'évêque d'Exeter, qui tenaient pour le roi, sommèrent l'archevêque de Cantorbéry d'excommunier les rebelles, suivant l'ordre du pape; mais Langton répliqua qu'il connaissait mieux les intentions d'In-

nocent, et les menaça à son tour d'excommunier
les troupes étrangères que Jean avait depuis peu
introduites dans le royaume. Enfin, à bout d'expé-
dients, le roi revint à l'idée de soumettre le dif-
férend au pontife, mais en lui adjoignant huit
arbitres, choisis en nombre égal par les barons et
par lui-même.

A cette dernière proposition, qui leur parut dé-
risoire, les barons, assemblés à Wallingford, répondirent en renonçant solennellement à leur serment d'allégeance et en mettant à leur tête Robert
Fitz-Walter, qui prit le titre de maréchal de l'armée de Dieu et de la sainte Église. Tout aussitôt
les hostilités commencèrent. Pendant quinze jours
les barons assiégèrent Southampton; mais, comme
ils n'avaient ni pierriers ni machines de guerre, ils
furent obligés de se retirer, après avoir perdu,
entre autres gens de marque, le chevalier qui portait la bannière de leur chef, d'un trait d'arbalète
qui lui traversa le crâne. Ce premier échec fut ré-
paré d'ailleurs par la soumission de Bedford, dont
Guillaume de Beauchamp leur ouvrit les portes.
Mais un plus grand succès vint hâter leur triomphe.
Tandis qu'ils étaient à Bedford, ils reçurent une
députation des bourgeois de Londres, qui les appelaient dans leur ville, où leur cause était en
grande faveur, par haine surtout des étrangers
dont le roi s'entourait. Les barons aussitôt mon-

tèrent à cheval, et, ayant marché toute la nuit, ils arrivèrent au point du jour devant Londres ; les portes étaient ouvertes, ils y mirent des gardes et entrèrent paisiblement dans la ville, tandis que les habitants assistaient aux offices solennels du dimanche.

Maîtres de la capitale, les chefs de la noblesse écrivirent sur-le-champ au petit nombre des barons qui ne s'étaient pas encore déclarés, en les menaçant, s'ils hésitaient plus longtemps, de les traiter comme ennemis publics, c'est-à-dire de ruiner leurs châteaux, de brûler leurs maisons, de détruire leurs garennes, leurs parcs et leurs vergers, Ces menaces eurent leur effet. Aussitôt cessèrent les séances de l'Échiquier et les audiences des vicomtes dans toute l'Angleterre, car il n'y avait plus personne qui voulût payer finance au roi ou lui obéir en quoi que ce fût.

On l'accusait en ce temps-là d'avoir contrefait les sceaux des évêques, et d'avoir fait écrire en leur nom, sur le continent, que tous les Anglais étaient des apostats méritant l'exécration du monde entier, et que quiconque voudrait les attaquer à main armée serait mis par le roi, avec l'assentiment du pape, en possession de toutes leurs terres et de tous leurs biens. Mais, dit la chronique, les nations étrangères avaient refusé d'ajouter foi à de telles imputations, parce qu'il était constant que, de tous les chrétiens, les Anglais étaient les plus fidèles à la religion. Et ainsi, quand la vérité fut connue, le roi Jean se trouva pris dans ses propres lacs.

# CHAPITRE IX.

Triomphe des barons. — Conférences de Runningmead. — Analyse de la Grande Charte. — Allégresse publique. — Désespoir et fureur du roi Jean. — Il se tient caché pendant trois mois dans l'île de Wight. — Innocent III annule la Grande Charte. — Guerre civile. — Siége et prise du château de Rochester. — Les barons excommuniés. — Étienne Langton, suspendu de ses fonctions, comparaît à Rome devant le pape.

Jean fuyait devant les barons victorieux, comptant gagner quelque lieu sûr où il pourrait rallier ses forces. Cependant, à mesure qu'il s'éloignait de Londres, il voyait s'éclaircir les rangs de son escorte; en arrivant à Odiham, dans le comté de Sussex, il n'avait plus avec lui que sept chevaliers. Alors, quoiqu'il eût dans le cœur une haine implacable contre les barons, il résolut de faire bonne mine et de leur donner une paix trompeuse, afin de les décimer en détail, puisqu'il ne pouvait les écraser tous ensemble. Il leur fit donc savoir, par le comte de Pembroke et quelques autres personnages dignes de créance, que, pour le bien de la paix et l'honneur de son règne, il était prêt à leur accorder gracieusement les lois et libertés qu' prétendaient ; il leur laissait en même temps le choix du jour et du lieu où se tiendrait la conférence. Les barons donnèrent rendez-vous au roi dans la prairie de Runningmead, entre Staines et Windsor, pour le quinzième jour de juin.

Au jour dit, les deux partis se trouvèrent en présence, mais campés séparément et comme en défiance. Ceux qui traitèrent au nom du roi furent : Étienne, archevêque de Cantorbéry, quoique Jean ne pût douter de sa connivence avec les barons, l'archevêque de Dublin, les évêques de Londres, de Winchester, de Lincoln, de Bath, de Worcester, de Coventry et de Rochester, maître Pandolphe, familier du pape, frère Amaury, maître de la milice du Temple en Angleterre, les nobles hommes Guillaume, comte de Pembroke, les comtes de Salisbury, de Warenne et d'Arundel, Alain de Galloway, Guillaume Fitz-Gérald, Pierre Fitz-Herbert, Thomas Basset, Matthieu Fitz-Herbert, Hugues de Nevil, Hubert de Burgh, sénéchal de Poitou, Robert de Ruppley, Jean Marshall et Philippe d'Albiney. Quant à ceux qui se trouvaient du côté des barons, il n'était ni nécessaire ni possible de les compter : c'était toute la noblesse d'Angleterre, se levant comme un seul homme. Pendant quatre jours on discuta, non pas les articles fondamentaux, qui étaient hors de tout débat, mais quelques articles préliminaires portant en substance que tous les étrangers seraient renvoyés du royaume, et que pendant deux mois les barons garderaient la Cité et l'archevêque la Tour de Londres.

Enfin, le 19 juin 1215, fut signé l'acte fameux connu sous le nom de Grande Charte. Cette charte[1], la plus complète et la plus importante qui eût encore paru, peut être divisée en trois parties distinctes : l'une traite des intérêts du clergé, l'autre règle ceux de la noblesse, et la troisième ceux du peuple. Cette division méthodique ne ressort point de l'ordre dans lequel sont distribués les articles de la Grande Charte; nous l'établissons ici, afin d'en rendre l'analyse plus facile et plus claire.

La Grande Charte s'étend peu sur les intérêts ecclésiastiques : ces intérêts avaient été réglés par la charte précédente accordée au clergé; il suffisait donc de confirmer celle-ci, et c'est ce que fait l'article premier, qui accorde une confirmation générale de toutes les libertés ecclésiastiques. Les priviléges des laïques, au contraire, étaient plus incertains, plus contestés; aussi fallait-il les passer en revue et les concéder l'un après l'autre. La Grande Charte presque entière est consacrée à régler les droits des laïques et à confirmer leurs priviléges.

1. Nous empruntons presque absolument cette analyse de l-
Charte à l'*Histoire des origines du gouvernement représentati*
VII<sup>e</sup> leçon, page 94.

D'abord elle détermine d'une manière précise ce qu'il y avait d'obscur et d'ambigu dans les lois féodales; elle fixe le montant du relief que doivent les héritiers des fiefs, soit immédiats, soit médiats. Viennent ensuite les précautions prescrites pour le mariage des pupilles féodaux, et celles qui sont en faveur des enfants et des veuves des vassaux.

Le droit et le mode de perception des *aides* et *escuages* sont réglés par les deux articles que voici :

« Art. 12. Qu'aucun escuage ni aide ne soit mis dans notre royaume, sauf pour nous racheter, pour faire chevalier notre fils aîné et pour marier notre fille aînée; et que, pour ces derniers cas, il ne soit mis que des aides raisonnables, etc.

« Art. 14. Pour tenir le commun conseil du royaume, à l'effet d'asseoir une aide autre que dans les trois cas ci-dessus prescrits pour asseoir un escuage, nous ferons convoquer les archevêques, évêques, abbés, comtes et grands barons, individuellement et par lettres de nous; et nous ferons convoquer en masse, par nos vicomtes et baillis, tous ceux qui tiennent de nous directement, etc. »

Enfin, divers articles sont consacrés à restreindre les droits du roi sur les terres de ses tenanciers, à modérer les amendes imposées aux bénéficiers se-la gravité des délits, à fixer un terme au sé-tre des terres pour cause de félonie; en un mot, à donner aux barons plus d'indépendance et de sécurité qu'ils n'en avaient jamais eu.

Telles sont les principales dispositions insérées dans la Grande Charte en faveur de la noblesse; jusqu'à présent, elle ne consacre que des priviléges particuliers; elle ne protége que les intérêts de certaines classes de la société. Mais elle contient aussi des clauses plus étendues, plus générales; elle a aussi pour objet l'intérêt de la nation.

D'abord, presque toutes les immunités accordées aux barons contre le roi, les vassaux les obtinrent contre leurs seigneurs. Ceux-ci ne purent désormais percevoir les aides et escuages dans leurs terres, que dans les mêmes cas et de la même manière que le roi.

La justice dut être à l'avenir rendue d'une manière plus fixe et uniforme; voici les articles où est exprimée cette concession importante :

« Art. 17. Que la cour des plaids communs ne suive pas notre cour, mais se tienne en un lieu fixe.

« Art. 18. .... Nous, ou, si nous sommes absent du royaume, notre grand justicier, enverrons quatre fois l'an, dans chaque comté, deux juges qui, avec quatre chevaliers choisis par la cour de chaque comté, tiendront les assises, le jour et dans le lieu de la cour du comté.

« Art. 39. Aucun homme libre ne sera arrêté, ni

emprisonné, ni dépossédé, ni mis hors la loi, ni exilé, ni atteint en aucune façon ; nous ne mettrons point et ne ferons point mettre la main sur lui, si ce n'est en vertu d'un jugement *légal par ses pairs et selon la loi du pays.*

« Art. 40. *Nous ne vendrons, ne refuserons et ne retarderons pour personne le droit et la justice.* »

Le roi promet en outre de ne nommer que des juges capables et intègres, de leur défendre de condamner qui que ce soit sans avoir entendu les témoins, de réintégrer tout homme dépossédé sans jugement légal, de réparer les injustices commises sous Henri II et sous Richard, de restreindre les corvées pour les travaux des ponts, et d'interdire les vexations de tout genre exercées sur les bourgeois, les marchands et vilains.

Il accorde et assure à la ville de Londres, ainsi qu'à toutes les autres cités, bourgs, villes et ports, la possession de leurs anciennes coutumes et libertés.

Enfin, l'article 41 porte : « Que tous les marchands auront la pleine et sûre liberté de venir en Angleterre, d'en sortir, d'y rester et d'y voyager par terre et par eau, pour vendre et acheter, sans aucune maltôte, selon les anciennes et droites coutumes, etc. »

On a dit que la Grande Charte n'avait été réclamée par les barons qu'en vue de leurs intérêts par-

ticuliers. Cette opinion est inadmissible ; comment
un tiers des articles au moins serait-il consacré à
des promesses et à des garanties en faveur du peuple, si l'aristocratie n'avait voulu stipuler que pour
elle-même ? Il suffit de lire la Grande Charte pour se
convaincre que les droits des trois ordres de la nation en sont également l'objet.

Toutefois, ce n'est pas assez de reconnaître des
droits et de faire des promesses ; il faut garantir
que ces droits seront respectés, que ces promesses
seront accomplies. L'article 61 et dernier de la
Grande Charte est destiné à donner cette garantie.
Il y est dit que : « Les barons éliront à leur gré
vingt-cinq barons du royaume, chargés de veiller
au maintien et à l'exécution de la charte ; les pouvoirs de ces barons seront illimités ; si le roi ou ses
serviteurs se permettent la moindre violation des
dispositions de la charte, les barons dénonceront
cet abus au roi, et le sommeront de le faire cesser
sans retard. Si le roi n'obtempère pas à leur demande, les barons auront le droit, quarante jours
après la sommation faite par eux, de poursuivre le roi, de le dépouiller de ses terres et châteaux, sauf la sûreté de sa personne, de celles de la
reine et de ses enfants, jusqu'à ce qu'enfin l'abus
ait été réformé au gré des barons. »

Quoique ce dernier article, opposant comme ga-
la paix publique la violence à la violer

contînt en germe et autorisât la guerre civile, le roi l'accepta sans objection comme les autres, l'air joyeux, le front sans nuage, souriant aux uns, conversant gaiement avec les autres. Puis, quand tout fut signé et scellé, il y eut une cérémonie féodale dans laquelle les barons qui, se regardant comme déliés de leur serment de fidélité, avaient publiquement défié le roi, renouvelèrent alors entre ses mains leur hommage et leur allégeance; lui, de son côté, les reçut de nouveau comme ses hommes-liges, et leur fit un nouvel octroi de leurs biens et de leurs honneurs. En même temps il envoya, par toute l'Angleterre, ordre aux vicomtes de faire jurer par tous les hommes de leurs bailliages obéissance aux ordres des vingt-cinq barons, conservateurs des libertés publiques, et de leur faire prendre l'engagement de contraindre, selon leur pouvoir, le roi lui-même, en s'emparant de ses châteaux, à l'exécution de tous les articles, tels qu'ils étaient contenus dans la charte. Il était impossible de s'exécuter de meilleure grâce.

D'ailleurs il n'y eut pas ombre de résistance; on applaudissait surtout à l'expulsion des étrangers; chacun leur courait sus. Les paysans sur les routes arrêtaient les gens suspects, et, s'ils prononçaient avec l'accent du midi de la France les mots anglais ou normands qu'on les forçait de répéter, ils étaient battus, dépouillés, emprisonnés.

Dans tout le royaume, c'était une joie immense. On croyait, disent les chroniques, que Dieu avait touché miséricordieusement le cœur du roi, qu'il lui avait arraché son cœur de pierre et mis à la place un cœur de chair. Tous espéraient voir l'Angleterre délivrée, par la grâce de Dieu, du joug égyptien sous lequel elle gémissait depuis si longtemps, d'abord par la protection de l'Église romaine, dont les ailes leur donneraient l'ombre salutaire avec la jouissance de la liberté, et aussi à cause de l'humiliation même du roi, qu'ils avaient souhaitée dans l'espoir qu'elle inclinerait son âme à la mansuétude et à la paix. Mais, ô honte et douleur ! il en fut bien autrement. Car voici que ces fils de Bélial, ces exécrables routiers, qui aimaient bien mieux la guerre que la paix, se mirent à souffler aux oreilles du roi des paroles de discorde. Ils le poursuivaient de leurs grognements, de leurs railleries et de leurs sarcasmes : « Voici le vingt-cinquième roi en Angleterre ; voici celui qui n'est plus roi, ni même roitelet, l'opprobre des rois; il devrait mieux aimer n'être pas roi que de l'être de cette façon. Voici le roi sans royaume, le seigneur sans seigneurie, la cinquième roue à un chariot, le dernier des rois, le rebut du peuple. Misérable homme, serf de la dernière classe, à quelle misère et à quelle servitude te voilà réduit! Tu as été le plus grand, voilà le plus petit. Il n'y a pas de plus grand malheur que d'avoir été heureux. » Et ainsi, irritant sa colère, ils soufflaient le feu et commençaient à faire jaillir les étincelles.

Alors le roi, trop sensible aux murmures de ces abominables routiers que, suivant son habitude, il avait élevés, pour sa propre perte, au-dessus de ses sujets naturels, jeta tout à coup le masque. Il poussait de profonds soupirs; il se consumait de rage, il se lamentait sans cesse et disait dans son désespoir: « Pourquoi cette misérable et impudique mère m'a-t-elle mis au monde? Pourquoi m'a-t-on bercé sur les genoux? Pourquoi m'a-t-on nourri avec le lait des mamelles? Pourquoi m'a-t-on fait naître pour mon malheur? Il fallait m'égorger avec le fer plutôt que de me nourrir! » Puis il grinçait les dents, roulait des yeux hagards, saisissait, comme un furieux, des morceaux de bois qu'il mordait et qu'il brisait.

A peine fut-il revenu de ces extravagances que, sur-le-champ, dans la nuit même, il expédia secrètement des lettres à Philippe Marc, constable du château de Nottingham, et Poitevin de nation, ainsi qu'à tous ses chers étrangers, pour leur recommander de munir leurs châteaux de vivres, de les entourer de fossés, de les garnir de sergents soudoyés, de préparer les arbalètes et les machines, de fabriquer des traits, tout cela, cependant, prudemment, sans menaces et sans forfanterie. Mais comme il n'y a si secrète machination qui ne se découvre, tous ces mouvements d'allants et de venants donnèrent l'éveil aux barons.

Aussitôt ils députèrent au roi quelques-uns des plus sages d'entre eux pour savoir la vérité de tous ces préparatifs. Mais il les reçut avec un visage serein, et, se détournant pour rire, il jura, par les pieds de Dieu, qu'il ne méditait contre eux aucun mauvais dessein. Il croyait ainsi, par cette fausse protestation, apaiser le murmure qui commençait à s'élever contre lui. Cependant, comme un homme irrité peut difficilement se contenir, les députés en avaient assez vu, avant la fin de la conférence, pour être assurés de la duplicité du prince. Jean essaya vainement de les gagner, en leur rappelant qu'ils étaient tenus, par serment et hommage, de lui être fidèles envers et contre tous.

Cette entrevue, qui eut lieu à Winchester, et une autre à Oxford, ne firent qu'augmenter la défiance, et les parties se séparèrent plus irritées que jamais l'une contre l'autre. « Malheur à nous, disaient les barons, ou plutôt malheur à toute l'Angleterre, qui, au lieu d'avoir un roi sincère, est opprimée par un tyran perfide qui fait tous ses efforts pour détruire ce misérable royaume! Il nous a déjà soumis à la cour de Rome ; bien loin de

trouver protection en elle, nous devons craindre
d'être à l'avenir injurieusement foulés aux pieds.
Nous n'avons jamais ouï dire qu'un roi, au lieu
de soustraire son cou à la servitude, ait offert
volontiers sa tête au joug. »

Tout à coup on apprit que le roi Jean avait dis-
paru; ce qu'il était devenu, personne ne pouvait le
dire. Ne se sentant pas en sûreté en Angleterre, il
était secrètement passé dans l'île de Wight; là, entouré de ses plus intimes conseillers, il résolut de
frapper ses ennemis avec les deux glaives, le glaive
spirituel et le glaive temporel, afin que, s'il échouait
d'un côté, il triomphât certainement de l'autre. Or,
pour frapper avec le glaive spirituel, il députa
Pandolphe à Rome, afin d'implorer l'intervention
d'Innocent III, et de faire annuler par lui, suzerain d'Angleterre, les concessions arrachées à son
vassal par la force. D'un autre côté, il envoya sur
le continent les évêques de Norwich et de Worcester, Hugues de Boves et deux autres chevaliers,
avec son sceau, pour lever en son nom tout ce
qu'ils trouveraient d'aventuriers, en leur promettant vastes domaines, terres fertiles, riches trésors. Le lieu du rendez-vous était Douvres; le
jour, la fête de saint Michel.

Quant à lui, il se mit à faire le métier de pirate,
s'attachant à gagner les matelots des cinq ports.
Ainsi, caché dans l'île de Wight, sans appareil

royal, sans escorte, tantôt sur mer, tantôt mêlé aux matelots, il passa trois mois à méditer sa trahison solitaire. Cependant on s'entretenait de ce mystérieux personnage : les uns disaient que c'était un pêcheur, les autres un marchand, ceux-ci un pirate ; quelques-uns affirmaient que c'était un apostat. En Angleterre on s'était d'abord étonné de cette absence prolongée ; on l'avait cherché partout inutilement ; on en vint à croire qu'il s'était noyé, ou qu'il s'était tué, ou qu'il avait été tué par quelque autre. Le roi recueillait tous ces bruits dans son cœur, attendant en silence le retour de ses envoyés.

Cependant les barons, qui étaient d'abord en telle sécurité qu'ils avaient fait publier un tournoi à Stamford pour les premiers jours de juillet, eurent de vagues rumeurs d'un complot ; des gens inconnus, disait-on, n'attendaient que leur départ pour s'emparer de Londres. En conséquence, ils recommandèrent à Guillaume d'Albiney de faire bonne garde ; mais comme ils ne voulaient pas semer l'inquiétude en rompant la fête, ils se contentèrent de la reculer de quelques jours et d'en rapprocher le théâtre de la capitale. « Ce tournoi, » écrivait Robert Fitz-Walter, maréchal de l'armée de Dieu et de la sainte Église, « ce tournoi aura lieu près de Londres, dans la prairie de Staines ; nous avons pris cette résolution pour notr

propre sécurité et pour la sûreté de la ville.
Aussi nous vous recommandons et prions vivement de venir à ce tournoi, bien pourvus d'armes et de chevaux. Celui qui le mieux fera,
recevra un ours qu'une dame enverra pour
être donné en prix au vainqueur. Portez-vous
bien. »

Sur ces entrefaites, les envoyés du roi Jean,
arrivés à Rome, avaient fait connaître au pape
l'objet de leur mission et mis sous ses yeux les
articles de la Grande Charte où l'autorité jusque-là
despotique de leur maître se trouvait le plus manifestement compromise. Après les avoir lus attentivement, Innocent avait froncé le sourcil, et s'était
récrié avec indignation : « Eh quoi! les barons
d'Angleterre s'efforcent-ils de renverser du trône
un roi qui a pris la croix et qui s'est mis sous
la protection du siége apostolique ? Préten-
draient-ils transférer à un autre le domaine de la
sainte Église ? Par saint Pierre! nous ne pouvons laisser un tel outrage impuni. » Et sur-le-
champ il avait annulé la Grande Charte, avec une
hauteur de langage que Grégoire VII n'aurait pas
désavouée. « Comme le Seigneur nous a dit, par
la bouche du prophète : « Je t'ai établi au-dessus
des nations et des royaumes, afin que tu ar-
raches et détruises, que tu bâtisses et que tu
plantes...; et par la bouche d'un autre prophète :

Romps les liens de l'impiété, et délie les fais-
ceaux trop lourds.... Nous ne voulons dissimuler
plus longtemps l'audace d'une telle méchanceté,
qui tournerait au mépris du siége apostolique,
au détriment des droits du roi, à l'opprobre de
la nation anglaise, au grand péril de tous les intérêts du Christ, si, en vertu de notre autorité,
nous ne révoquions tout ce qui a été ainsi extor-
qué à un si grand prince, et à un prince croisé,
quand bien même il voudrait en observer l'exécution. C'est pourquoi, au nom du Dieu tout-
puissant, Père, Fils et Saint-Esprit, par l'autorité des apôtres Pierre et Paul et par la nôtre,
nous réprouvons absolument et condamnons cette
charte, défendant, sous peine d'anathème, que
le roi prenne sur lui de l'observer, ou que les
barons et leurs complices en exigent l'observation.... voulant enfin qu'en aucun temps cette
charte ne puisse avoir aucun effet. »

Mais ce n'était plus au roi Jean que le pontife
avait affaire, au roi lâche, détesté, pusillanime,
qui ne trouvait de secours pour lutter, ni dans
l'affection de ses sujets, ni dans la force de sa
conscience; c'était à une noblesse et à un clergé,
à une nation tout entière étroitement unie et con-
fiante dans son droit. Aux paroles des prophètes,
que le pape avait citées avec complaisance, les
barons se contentèrent d'opposer cette autre pa-

role de l'Écriture : « Malheur à vous qui justifiez l'impie ! »

L'impie, qu'on croyait mort, avait reparu en Angleterre ; après trois mois de séjour dans l'île de Wight, il avait pris terre à Douvres, entouré d'une foule d'aventuriers grands et petits, traînant avec eux leurs familles, alléchés qu'ils étaient par la promesse d'un grand établissement. Leur nombre augmentait tous les jours. Du Poitou et de la Gascogne étaient venus des gens de guerre fameux et redoutés, Savary de Mauléon, les deux frères Geoffroi et Olivier de Bouteville ; du Brabant et du pays de Louvain, Gaultier Burk, Gérard de Sotin et Godeschalk, avec trois corps de gens d'armes et d'arbalétriers qui avaient soif de sang humain ; en outre, une foule sortie de Flandre et d'autres contrées, tous avides du bien d'autrui, « vraie nuée de chauves-souris, bannis, excommuniés, homicides, pour qui la patrie était vraiment un lieu d'exil, et non pas de refuge. »

Quand le roi se vit en force, il s'en alla mettre le siège devant le château de Rochester où, trois jours auparavant, Guillaume d'Albiney s'était jeté à la hâte avec cent quarante chevaliers et sergents. Quoiqu'il n'y eût dans la place que de rares provisions et point de machines de guerre, cette poignée d'hommes fit, pour s'y maintenir, des prodiges de valeur ; s'ils avaient eu autant de moyens de défense que les assiégeants avaient de moyens d'attaque, ils se seraient moqués de tous les assauts. Tandis que les pierriers et les engins de toute sorte lançaient sans relâche sur les parapets et sur les plates-formes une grêle de pierres et de traits, Jean reçut une nouvelle qui augmenta son irritation. Un de ses plus intimes complices, Hugues de Boves, brave chevalier, mais superbe et injuste, qu'il avait envoyé sur le continent pour recruter des mercenaires, venait de périr en mer avec une bande de routiers. On disait que le roi lui avait assuré par avance les comtés de Norfolk et de Suffolk; aussi, quand il apprit ce désastre, il eut un violent accès de rage, et, de toute la journée, il ne prit aucune nourriture.

Cependant les barons étaient dans le plus grand trouble; avant que Guillaume d'Albiney se fût décidé à occuper le château, ils lui avaient juré sur les saints Évangiles que, s'il s'y trouvait investi, ils se réuniraient tous pour lui porter secours. Ils montèrent donc à cheval et s'avancèrent jusqu'au bourg de Dartford; mais, jugeant sans doute le roi trop fort et la position inattaquable, ils rebroussèrent chemin tout à coup, et retournèrent à Londres. Cette retraite trop prudente fut fatale à leur cause. En effet, lorsqu'on eut appris avec quel fracas ils s'étaient mis en route pour faire lever le siége et avec quelle       ils avaient tourné bride, le

roi leur appliqua la fable de la montagne qui
accouche d'une souris; il devint plus audacieux, et
envoya de toutes parts des pillards pour faire du
dégât au profit de son armée. Pendant ce temps,
les gens du château n'avaient de repos ni jour ni
nuit : car, au milieu des pierres lancées par les engins et les frondes, au milieu des traits décochés
par les archers et les arbalétriers, les chevaliers et
les sergents montaient continuellement à l'assaut ;
quand ceux-ci étaient fatigués, des troupes fraîches
prenaient leur place et recommençaient l'attaque.
Mais, quoiqu'ils désespérassent d'être secourus par
les barons et qu'ils fussent réduits à manger leurs
destriers et leurs chevaux de prix, les assiégés ne
voulaient pas succomber sans vengeance et prétendaient faire chèrement acheter au roi sa victoire.

Ils combattaient donc vaillamment sur le rempart, rendant coup pour coup, trait pour trait,
pierre pour pierre, jusque-là qu'ils tuèrent beaucoup de monde aux ennemis et forcèrent les autres
de se tenir à distance. Mais Jean avait attaché le
mineur au pied de la muraille, qui s'écroula. La
garnison se retira dans la grosse tour, attaquée et
défendue avec acharnement. On eut de nouveau
recours à la mine, qui emporta l'un des angles du
donjon; jamais les assaillants ne purent se maintenir au sommet de la brèche. Cependant la faim
eut raison de ces braves gens; ils se rendirent,

après trois mois de siége. Le roi, furieux d'avoir perdu tant d'hommes et tant d'argent, voulait les faire tous pendre; mais Savary de Mauléon s'y opposa vivement, en faisant remarquer au roi que les barons pourraient user de représailles, et qu'à ce compte, personne ne voudrait plus combattre pour son service. Il n'y eut de pendus que les pauvres sergents; quant aux chevaliers, ils furent enfermés sous bonne garde dans différents châteaux.

Jean ne pouvait surtout se résoudre à respecter la vie de Guillaume d'Albiney, qui avait pourtant respecté la sienne. Un jour, pendant le siége, comme le roi et Savary faisaient le tour du château pour en reconnaître les endroits faibles, un excellent arbalétrier, qui les avait reconnus, les montra à Guillaume et lui dit : « Vous plaît-il, monseigneur, que je tue, avec ce trait que je n'ai qu'à lancer, le roi notre ennemi sanguinaire? — Non, non, s'écria Guillaume, ne causons point la mort de l'oint du Seigneur. » Et comme le soldat répliquait : « Il ne vous épargnerait pas en pareille occasion : — Qu'il en soit, reprit l'autre, suivant le bon plaisir du Seigneur. Le Seigneur disposera de moi, et non pas lui. »

En même temps que la cause des barons perdait ainsi un de ses plus généreux défenseurs, Innocent III lançait contre eux une sentence générale

d'excommunication. Mais lorsque Pandolphe, l'évêque de Winchester, et l'abbé de Reading vinrent
sommer Étienne Langton de publier solennellement l'anathème, le prélat, qui se disposait à partir
pour Rome, leur répondit par un refus formel, en
assurant avec fermeté que, pour arracher au pape
une telle sentence contre les barons, il fallait qu'on
lui eût caché la vérité, et que, par conséquent, il ne
la publierait pas jusqu'à ce qu'il eût connu à cet
égard la volonté du souverain pontife, et de sa
bouche même. Usant alors des pouvoirs dont ils
étaient investis, les envoyés interdirent à l'archevêque l'entrée de l'église et la célébration des
saints mystères. Inflexible pour tout ce qui portait
atteinte à l'indépendance de son pays, mais plein
d'humilité pour ce qui ne touchait que sa personne, l'illustre prélat baissa la tête, accepta cette
épreuve et observa religieusement l'arrêt prononcé
contre lui.

Les barons furent moins dociles; lorsque Pandolphe et l'évêque de Winchester les déclarèrent
excommuniés, ils soutinrent que l'anathème ne
pouvait produire aucun effet, attendu qu'aucun
d'eux n'était désigné nominativement dans le bref
du pape. Le clergé lui-même parut s'associer à
leur résistance par un acte assez audacieux. Comme
depuis longtemps le siége d'York, le premier après
celui de Cantorbéry, était vacant, les chanoines y

nommèrent Simon de Langton, le propre frère du primat, et, suivant l'usage, ils notifièrent cette élection au roi. On peut se faire une idée de la colère du prince et du cri de détresse qu'il poussa vers Rome : « L'archevêque de Cantorbéry était l'ennemi public du roi d'Angleterre, l'instigateur et le conseiller de la révolte des barons; si donc son frère était promu à l'archevêché d'York, c'était fait pour longtemps de la paix du roi et du royaume. » Il était d'ailleurs impossible que cette élection ne fût pas cassée par le pape : elle le fut en effet; l'évêque de Worcester, Gaultier de Gray, devint archevêque d'York, et, en punition de sa présomption, Simon fut déclaré notoirement indigne d'être à l'avenir élevé à aucune dignité pontificale, sans une dispense spéciale du siége apostolique.

En ce temps-là, Rome donnait aux fidèles chrétiens un magnifique spectacle. Innocent avait convoqué de tous les points du monde un concile œcuménique pour réveiller l'enthousiasme de la croisade. Les deux patriarches de Constantinople et de Jérusalem, soixante-dix-huit primats et métropolitains, quatre cent douze évêques, plus de huit cents abbés et prieurs, les députés de l'empereur d'Orient, du jeune roi de Sicile, Frédéric, des rois de France, d'Angleterre, de Hongrie, de Jérusalem, de Chypre, d'Aragon, une foule de princes et de seir          t accourus à son appel.

Ce fut au milieu de cette grande assemblée que comparut Étienne Langton, triste, mais ferme dans ses convictions. Aux accusations portées contre lui par l'abbé de Beaulieu, Thomas de Herdington et Godefroi de Cracumbe, il dédaigna de répondre, mais il supplia le souverain pontife de le relever de la suspension qui le privait de ses droits. On dit que le pape irrité lui fit cette réponse : « Par saint Pierre, mon frère, vous n'obtiendrez pas si facilement le bénéfice de l'absolution, vous qui avez fait tant et de si graves injures non-seulement au roi d'Angleterre, mais encore à l'Église romaine. Nous voulons délibérer avec nos frères pour décider comment nous punirons un excès si téméraire. » La sentence de suspension fut confirmée, mais Innocent ne put s'empêcher de rendre hommage à l'humble soumission avec laquelle Étienne supporta sa disgrâce. Puis il excommunia nominativement et personnellement les barons qu'il avait d'abord frappés en masse, et mit la cité de Londres en interdit.

Mais, en Angleterre, on persistait à ne vouloir pas tenir compte de ces arrêts si redoutables. « Ils étaient, disait-on, le résultat de suggestions frauduleuses; le pape ne savait pas la vérité; et puis d'ailleurs, pourquoi se préoccupait-il des affaires laïques, lorsque le Seigneur n'avait confié à Pierre et à ses successeurs que le gouvernement de l'É-

glise ? » A Londres, malgré l'interdit, on célébra, comme d'habitude, les divins mystères, on
continua de sonner les cloches et de chanter les
offices à haute voix.

# CHAPITRE X.

Guerre d'extermination. — Cruautés abominables commises par les routiers. — Triste attitude des barons. — Ils offrent la couronne à Louis de France, fils de Philippe Auguste. — Succès rapides du prince français. — Révélations du vicomte de Melun. — Mort du roi Jean. — Son épitaphe. — Il apparaît à un moine de Saint-Albans.

Les envoyés du roi, Thomas de Herdington et Godefroi de Cracumbe, lui avaient rapporté de Rome de joyeuses nouvelles. Les barons excommuniés, l'archevêque de Cantorbéry suspendu, l'élection de son frère cassée, Gaultier de Gray promu au siége d'York, Guillaume d'Albiney pris, le château de Rochester forcé, tout n'allait-il pas à souhait? Pour compléter son triomphe, Jean tint dans le cloître de Saint-Albans un grand conseil de guerre; il y fut décidé que l'armée serait partagée en deux corps, et que, tandis que lui-même, avec Guillaume, comte d'Albemarle, Philippe d'Albiney, Jean Marshall, Gérard de Sotin et Godeschalk, porterait dans le nord jusque sur les frontières d'Écosse la terreur de ses armes, Guillaume de Salisbury, son frère, ayant sous ses ordres Falcaise, Savary de Mauléon, Guillaume Briwere et

Gaultier Burk, ravagerait les comtés méridionaux et tiendrait en échec les barons renfermés dans Londres.

Alors commença dans tout le royaume une guerre d'extermination; dans le nord surtout, là où était le roi, elle eut un tel caractère d'atrocité qu'elle effaça les plus horribles traditions du temps de la conquête. Jean avait l'ivresse du sang; non-seulement il faisait brûler les châteaux et les demeures des barons, mais aussi les villages et les haies mêmes dans les champs, « afin de se réjouir la vue. » Tous ceux qu'on trouvait hors de l'église ou du cimetière, sans distinction de condition ni d'âge, on les abandonnait aux routiers, qui les tuaient ou les mettaient à rançon, suivant leur caprice. « La colère du prince rejaillit sur les pauvres qui n'en peuvent mais, » dit la chronique de Matthieu Pâris, et son érudition lui rappelle le vers du poëte :

Quidquid delirant reges, plectuntur Achivi.

Aussi tous s'enfuyaient à l'approche du roi; il marchait dans son royaume comme dans un désert, au milieu du silence et des ruines. Le récit du moine de Saint-Albans est plein de mouvement et d'éloquence; à la marge, on lit ce seul mot, *Tyrannis.* « Ces satellites de Satan, ces ministres du diable, rassemblés des plus lointaines régions, couvraient, comme une nuée de sauterelles, la face de l'Angleterre. Pour les plus misérables paysans, c'était un arrêt de mort qu'on pût les soupçonner de posséder quelque épargne; ceux qui n'avaient rien, on les forçait d'avouer qu'ils avaient quelque chose, on les forçait d'avoir et de payer rançon, par les plus raffinées tortures.

« Partout on voyait courir ces sicaires couverts de sang humain, ces rôdeurs de nuit, ces incendiaires, ces fils de Bélial, qui, l'épée au poing, voulaient tout détruire à la surface de la terre, et anéantir toute créature, depuis l'homme jusqu'à la bête qui broute. Ils parcouraient, leurs couteaux à la main, les villages, les maisons, les cimetières, les églises, dépouillant tout le monde, sans épargner femmes, enfants ni vieillards. Et ce qu'ils ne pouvaient dévorer, ils le livraient aux flammes ou le gâtaient de telle sorte qu'il devenait impossible de s'en servir. Ceux qu'on ne pouvait accuser de rien, on les appelait ennemis du roi; partout où on les rencontrait, on les traînait sur-le-champ en prison, on les chargeait de fers, on les forçait à payer de grosses rançons.

« Les prêtres eux-mêmes, au pied des autels, tenant dans leurs mains la sainte croix ou le corps du Seigneur, malgré le respect que devaient inspirer leurs vêtements sacrés et leur présence à l'autel, étaient saisis brutalement, maltraités, dépouillés, blessés ; et il n'y avait ni pontife, ni prêtre, ni lévite, qui pût verser l'huile ou le vin sur leurs blessures.

« Les chevaliers et les autres hommes de toute condition avaient à subir les mêmes violences, s'ils ne livraient pas leur argent. Ceux-ci étaient pendus par les reins, ceux-là par les pieds et les jambes, d'autres par les mains, les pouces et les bras ; on leur jetait dans les yeux du sel dissous dans du vinaigre. Comme si ces malheureuses victimes n'étaient pas des créatures de Dieu, faites à son image, et marquées au sceau du Christ ! Mais les bourreaux n'y prenaient pas garde. D'autres étaient attachés à des trépieds et à des grils sur des charbons ardents ; puis leurs corps à moitié rôtis étaient plongés tout à coup dans une eau glacée, afin qu'ils passassent, comme dans les supplices de l'enfer, de l'excès du chaud à l'excès du froid. Dans ces tortures, ils rendaient l'âme ou ne conservaient qu'un souffle de vie ; et, tandis qu'ils poussaient des cris et d'horribles gémissements arrachés par tant d'angoisses, il n'y avait personne qui eût pitié d'eux ; les bourreaux ne leur demandaient que de l'argent qu'ils n'avaient pas, et refusaient de croire aux protestations de leurs victimes. Quelques-uns, qui n'avaient rien, promettaient beaucoup afin de gagner quelque répit et de retarder au moins de quelques instants, trop courts,

hélas !. les supplices qu'ils avaient déjà soufferts.

« C'était en Angleterre une persécution générale ;
les pères étaient, par leurs fils, vendus pour les
tortures, les frères par les frères, les citoyens par
les citoyens. Les foires et les marchés avaient
cessé ; le commerce se faisait dans les cimetières,
mais non sans beaucoup de désordres ; l'agricul-
ture était morte....

« Et lorsque des messagers venus de divers lieux
racontaient aux barons tous ces désastres, ils se
regardaient les uns les autres, et se contentaient de
dire : « Le Seigneur nous a donné, le Seigneur
« nous a ôté ; il faut supporter nos maux avec force
« d'âme. » Et quand, entre autres abominations
commises par le roi Jean et ses impurs complices,
on leur parlait de leurs femmes et de leurs filles
livrées aux caprices de ces misérables, ils s'é-
criaient en gémissant : « Voilà donc celui que le
« pape nomme son très-cher fils en Jésus-Christ !
« voilà donc ce vassal qu'il protége, et qui emploie
« de tels moyens pour remettre sous le joug un
« royaume, ô douleur ! naguère si noble et si
« libre !... » Et cependant, au milieu de tous ces outrages, ils restaient à Londres, comme des femmes
en mal d'enfant, couchées dans leur lit ; leur
grande affaire était de manger et de boire....

« Mais, tandis qu'ils dormaient, le roi ne s'amusait pas à dormir : il faisait rentrer en son pouvoir leurs terres, leurs possessions, leurs châteaux et leurs villages, depuis la mer du midi jusqu'à la mer d'Écosse. Et disposant à son gré des biens des barons, il donna toute la terre entre la rivière de Tees et l'Écosse à Hugues Baliol et à Philippe de Hulecotes, en leur assignant un nombre de chevaliers et d'hommes d'armes suffisant pour la défense du territoire. Dans le comté d'York, il donna la garde des châteaux et des terres à Robert de Vieux-Pont, à Brien de l'Isle et à Geoffroi de Lucy. A Guillaume, comte d'Albemarle, il donna les châteaux de Rockingham, de Sawey, et celui de Bingham, qui appartenait à Guillaume de Coleville. A Falcaise, il confia les châteaux d'Oxford, de Northampton, de Bedford et de Cambridge ; à Ranulf le Teuton, celui de Berkamstead, et celui de Hartford à Guillaume de Goderville, chevalier de la troupe de Falcaise.

« Le roi leur ordonna à tous, s'ils tenaient à leur personne et à leurs biens, de détruire toutes les possessions des barons, châteaux, maisons, villages, parcs, garennes, étangs, moulins, vergers ; en un mot, d'achever avec une rage égale l'œuvre si bien commencée par lui-même. Ils n'avaient garde de désobéir, et il y eut entre eux une telle rivalité de bien faire, que celui qui n'était pas le plus méchant passait pour bon, et que celui qui ne faisait pas tout le mal qu'il pouvait semblait rendre service.

« Ensuite le roi, enflammé d'un violent courroux contre le roi d'Écosse Alexandre, qui avait donné des secours aux barons[1], marcha rapidement vers son royaume, et, après s'être emparé du fort château de Berwick et de plusieurs autres qui passaient pour imprenables, il disait, pour se moquer d'Alexandre et en faisant allusion à la couleur de ses cheveux : « Oui, oui, nous ferons bien « sortir le renard de sa tanière. » Ses coureurs s'avancèrent jusqu'aux portes d'Édimbourg, et il eût commis de ce côté beaucoup de meurtres et de ravages, s'il n'avait pas été rappelé dans son royaume par des affaires urgentes. En quittant les comtés du nord, Jean y laissait son autorité si bien établie qu'il ne restait plus au pouvoir des barons que deux bourgs tout au plus, celui de Montsorel et un autre qui appartenait à Robert de Ros, dans la province d'York. »

L'armée du midi n'avait pas eu moins de succès : tout, dans les comtés d'Essex, de Hertford, de Cambridge, de Huntingdon et de Middlesex, avait

---

1. L'alliance du roi d'Écosse n'était pas gratuite ; il s'était fait céder par les barons anglais le Northumberland, le Cumberland et le Westmoreland. Déjà il avait passé la frontière et commencé le siége du château de Norham ; mais il se retira bien vite à l'approche du roi Jean.

été mis à feu et à sang ; les faubourgs même de Londres avaient été pillés et brûlés. L'île d'Ely fut en particulier le théâtre des plus affreux désastres. Après que Gaultier Burk, avec ses Brabançons, eut fait invasion du côté de Herebey, le comte de Salisbury, Falcaise et Savary de Mauléon s'y précipitèrent à leur tour, les uns par le pont de Stunteney, les autres en passant sur la glace même. Ils ravagèrent tout, dépouillant les églises, enlevant tout ce qui avait échappé aux brigands qui les avaient précédés. Ils entrèrent l'épée nue dans l'église cathédrale, et, après l'avoir pillée et profanée, ils l'auraient livrée aux flammes, si le prieur ne l'avait rachetée pour deux cent neuf marcs d'argent. Dans l'île d'Ely, quinze chevaliers furent pris avec une foule d'hommes de diverses conditions ; de nobles et illustres dames devinrent le jouet de ces misérables. Cependant les plus nobles et les plus riches parvinrent, avec mille difficultés, à s'échapper en passant sur la glace ; quelques-uns se cachèrent, d'autres parvinrent à gagner Londres ; mais il y en eut qui, n'ayant pas de chevaux, accablés de fatigue, tombèrent sur les routes au milieu de leurs ennemis : ceux-là payèrent pour tous.

En présence de pareils excès, on a peine à comprendre la triste attitude des barons. Comment se sont-ils ainsi laissé surprendre, disperser, isoler, égorger un à un dans leurs châteaux sans défense

tandis que leurs chefs, à l'abri derrière les murs
de Londres, cherchaient, s'il faut en croire Matthieu
Pâris, dans les délicatesses du luxe et les raffine-
ments de la débauche, une résignation trop facile
et l'oubli des maux dont la patrie leur demandait
vengeance? Unis, fermes et résolus pendant les
premières luttes, ils n'avaient pu supporter l'é-
preuve d'une meilleure fortune ; la tête leur avait
tourné parce que, sans trop d'effort, ils avaient
conquis la Grande Charte, comme si cette grande
victoire, s'ils la laissaient stérile, ne pouvait pas
devenir pour eux plus désastreuse qu'une première défaite. Langton s'était montré un politique
de premier ordre, mais son rôle était fini ; quoique son œuvre fût compromise, il ne lui était pas
permis de la défendre par les armes. Il n'y avait
plus de salut que dans l'énergie d'un chef militaire.

Ce chef, que ni le sentiment national ni la justice de leur cause ne purent susciter parmi eux,
les barons, par désespoir, le demandèrent à un
peuple ennemi. Ils offrirent la couronne à Louis,
fils de Philippe Auguste, et mari de Blanche de
Castille, nièce de Jean sans Terre. Mais livrer l'Angleterre aux étrangers, c'était précisément le grief
que la nation reprochait avec le plus d'amertume
au roi Jean. Une telle résolution, en ravivant le
souvenir des mauvais jours de la conquête, ne pouvait manquer d'être odieuse à la race saxonne ;

elle fut odieuse en effet, et promptement : nous n'en voulons pour preuve que la révolution subite et très-remarquable qui se fait à ce moment dans les idées et dans le langage du moine de Saint-Albans; ses amitiés et ses haines se déplacent tout d'un coup. « C'est ainsi, dit-il, que les barons, en maudissant le roi et le pape, commettaient un péché inexpiable, car il est écrit : Tu ne maudiras pas ton prince; et ils offensaient la vérité et le respect en traitant d'esclave l'illustre Jean, roi d'Angleterre, puisque servir Dieu, c'est régner. » Immédiatement après, il semble expliquer la conduite des barons par leur désespoir même : « Ils résolurent de choisir pour roi quelque homme puissant qui pût les aider à recouvrer leurs anciennes possessions, dans la pensée qu'ils ne pourraient trouver pire tyrannie que celle du roi Jean; argument bien déplorable que celui qu'ils invoquaient: le comble de la misère est une sécurité, puisqu'on n'a plus à redouter de plus grand malheur. »

Quoi qu'il en soit, Robert Fitz-Walter et Saër, comte de Winchester, avaient passé en France avec les pleins pouvoirs des barons; mais, avant de rien décider, Philippe Auguste et son fils exigèrent qu'on remît entre leurs mains vingt-cinq otages de la plus haute noblesse du royaume. Les otages livrés et enfermés sous bonne garde à Compiègne, Louis envoya en Angleterre quelques-uns de ses

chevaliers avec une suite nombreuse, pour examiner de près l'état des choses et faire en son nom
de grandes promesses aux barons et aux bourgeois
de Londres. Ce premier secours fut accueilli d'a-
bord avec de grands témoignages d'allégresse ;
mais il arriva presque aussitôt un fâcheux événement, qui frappa les esprits superstitieux comme un
sinistre présage. Dans un tournoi que les chevaliers anglais offraient à leurs hôtes pour célébrer
leur bienvenue, un Français eut le malheur de
blesser mortellement Geoffroi de Mandeville, comte
d'Essex.

Cependant Louis faisait d'immenses préparatifs ;
il était prêt à s'embarquer, lorsque l'arrivée du
légat Gualo, cardinal de Saint-Martin, chargé par
le pape d'une mission spéciale auprès du roi de
France et de son fils, retarda son départ. Philippe
montra d'abord beaucoup de résolution : « Non,
s'écria-t-il après avoir lu le message d'Innocent, le
royaume d'Angleterre n'est pas le patrimoine de
Saint-Pierre ; il ne l'a jamais été, il ne le sera jamais. Le roi Jean, il y a bien des jours de cela,
ayant voulu priver injustement Richard, son frère,
de son royaume, fut accusé de trahison, convaincu
et condamné par jugement, dans la cour du roi
même ; la sentence fut prononcée par Hugues de
Pusat, évêque de Durham. Il n'a donc jamais été
véritablement roi et n'a pu disposer de son

royaume. Même en supposant qu'il ait été véritablement roi, il a forfait son royaume par la mort d'Arthur, et, pour ce meurtre, il a été condamné dans notre propre cour. Enfin, aucun roi ni prince ne peut disposer de ses États sans le consentement de ses barons, qui sont tenus de les défendre ; et, si le pape a résolu de soutenir une pareille erreur, il donne à tous les royaumes l'exemple le plus pernicieux. »

Le lendemain, toutefois, Philippe fut moins affirmatif et moins menaçant : « J'ai toujours été dévoué et fidèle au seigneur pape et à l'Église romaine ; jusqu'ici je me suis employé efficacement à ses intérêts. Aujourd'hui ce ne sera ni par mon conseil ni par mon aide que mon fils Louis portera quelque atteinte à l'Église romaine. Cependant, s'il a quelque prétention à faire valoir sur le royaume d'Angleterre, qu'il soit entendu et que ce qui sera juste lui soit accordé. » Mais, comme le légat, sans vouloir rien entendre, défendait, sous peine d'excommunication, au père et au fils de rien entreprendre contre un fief du saint-siége, Louis, qui, en entrant dans la salle, avait déjà regardé le légat de travers, se leva vivement et s'adressant à son père : « Sire, lui dit-il, quoique je sois votre homme lige pour le fief que vous m'avez donné dans ce pays, il ne vous appartient pas de rien statuer quant au royaume d'Angleterre. Aussi je me soumets au jugement de mes pairs ; qu'ils disent si vous devez m'empêcher de poursuivre mon droit, et surtout un droit de telle nature que vous ne pouvez me rendre justice. Je vous prie donc de ne m'entraver en rien dans la poursuite de mon droit ; car je combattrai, s'il le faut, jusqu'à la mort pour l'obtenir. » Et, sans attendre une réponse, il quitta l'assemblée avec les siens, laissant son père courroucé en apparence et le légat stupéfait.

Quelques jours après, six cent quatre-vingts navires emportaient vers l'Angleterre l'expédition française. Le roi Jean était venu camper à Douvres pour empêcher son rival de prendre terre ; mais, à la vue de cet armement formidable, il eut peur, et faisant porter au pays la peine de sa lâcheté, il ravagea tout dans sa fuite jusqu'à Bristol. A peine débarqué à Sandwich, Louis reçut la soumission du château de Rochester et marcha sur Londres. Les barons, les bourgeois étaient venus en procession à sa rencontre ; conduit à l'église de Saint-Paul, il reçut l'hommage de ses nouveaux sujets et jura de son côté de leur rendre leurs bonnes lois ainsi que les héritages qu'ils avaient perdus. Pour inaugurer son pouvoir par un acte qui fût agréable aux Anglais, il donna l'office de chancelier à Simon de Langton.

La fortune lui souriait ; de tous côtés, les villes,

les comtés se hâtaient de le reconnaître ; Alexandre, roi d'Écosse, venait jusqu'à Douvres lui faire hommage comme à son suzerain ; les barons les plus fidèles au roi Jean jusqu'alors, les comtes de Warenne, d'Arundel, de Salisbury, s'empressaient autour du nouveau prince ; les mercenaires eux-mêmes, Flamands et Brabançons, changeaient de drapeau comme la fortune. Jean n'avait plus auprès de lui que les Poitevins, trop compromis auprès du roi de France pour faire infidélité ; dans le midi, les seuls châteaux de Douvres et de Windsor tenaient encore pour sa cause ; enfin, pour comble de malheur, son puissant ami, son zélé protecteur, Innocent, mourut au moment même où Jean avait le plus besoin de son aide.

Cependant, tout à coup, et par un miracle de sa puissance, Dieu, qui se joue des desseins des hommes, mit un terme à l'affliction des uns et à la prospérité des autres. Le camp des vainqueurs devint comme une Babel, plein de confusion et de trouble ; Français et Anglais se tenaient en défiance et s'éloignaient les uns des autres. Hubert de Burgh défendait avec acharnement le château de Douvres ; à Windsor, les barons n'avaient pas meilleur succès, mais ils accusaient de trahison le comte de Nevers, et le comte de Nevers les accusait de mollesse. Tout à coup il se répandit une rumeur pleine de menaces.

Voici ce que l'on racontait : Un noble seigneur de France, le vicomte de Melun, qui avait accompagné Louis en Angleterre, était tombé gravement malade à Londres. Lorsqu'il sentit que la mort était proche, il voulut avoir un dernier entretien avec quelques barons anglais qui étaient restés pour garder la ville ; et, quand ils furent réunis, il leur fit l'aveu suivant : « Je gémis de la désolation et de la ruine qu'on vous prépare ; vous ignorez combien de périls vous menacent. Louis a juré, avec seize comtes et barons de France, que, s'il réussissait à soumettre l'Angleterre et à se faire couronner roi, il condamnerait à un exil perpétuel et vouerait à l'extermination, comme traîtres à leur seigneur, tous ceux qui combattent maintenant avec lui et poursuivent le roi Jean. Et, pour que vous ne puissiez en douter, moi, qui suis ici gisant et moribond, je vous jure sur le salut de mon âme que je suis un de ceux qui ont fait ce serment avec Louis. Aussi je vous conseille par-dessus tout de pourvoir à vos intérêts dans l'avenir et de tenir sous le sceau du secret ce que je viens de vous confesser. » A ces mots, le noble vicomte expira sur-le-champ. Mais les bas'étant communiqué entre eux cette étrange ...ation, furent saisis de stupeur et d'effroi.

Déjà Louis, malgré leurs murmures, avait donné à ses chevaliers des domaines considérables, au comte de Nevers, le comté de Winchester, à Gilbert de Gand, le comté de Lincoln. De tous côtés, on cherchait à se rapprocher du roi Jean ; plusieurs barons avaient rejoint l'étendard royal, et grand nombre d'autres étaient disposés à faire leur soumission. En même temps le peuple commençait à s'émouvoir contre les étrangers ; les habitants des Cinq-Ports interceptaient les convois et les renforts qui venaient de France ; des associations se formaient dans les comtés méridionaux pour soutenir la dynastie nationale. Mais Dieu ne voulut pas que la restauration du droit fût la restauration de la tyrannie : Jean n'était plus digne d'être roi.

Tandis qu'il remontait vers le nord, répondant aux avances de ses barons par de nouveaux excès, détruisant les moissons, marquant sa route par le sang et le feu, il fut frappé mortellement dans sa passion la plus vivace, l'avarice. L'armée avait déjà franchi le Welland, mais les chariots y étaient encore engagés, lourdement chargés d'or, de vaisselle et de joyaux, quand la marée, roulant avec fureur dans le lit étroit du fleuve, engloutit tout, hommes, chevaux et trésors. Le roi s'était arrêté, pour attendre ses bagages, à l'abbaye de Swineshead, lorsqu'il reçut cette triste nouvelle. « Alors, dit la chronique, le chagrin qu'il eut d'avoir perdu tant de richesses lui donna une fièvre aiguë. Mais il augmenta lui-même la gravité de son mal par sa funeste gourmandise; à force de manger des pêches et de boire avec excès de la cervoise nouvelle, il excita et enflamma l'ardeur de la fièvre. Cependant, au point du jour, il se mit en chemin, tout malade, pour le château de Sleaford; en route, il fallut le mettre en litière; le lendemain, ce fut à grand'peine qu'on put le transporter au château de Newark. Là, comme le mal faisait toujours de grands progrès, il se confessa à l'abbé de Crokeston, et reçut l'eucharistie. Ensuite il désigna pour son héritier Henri, l'aîné de ses fils, et voulut qu'on lui jurât fidélité. Il envoya aussi des lettres munies de son sceau à tous les vicomtes et châtelains du royaume, pour leur ordonner d'obéir à son fils. Après qu'il eut réglé ces affaires, l'abbé de Crokeston lui ayant demandé où il voulait qu'on lui donnât la sépulture s'il venait à mourir, il lui dit, pour toute réponse : « Je recommande mon « corps et mon âme à Dieu et à saint Wulstan; » et, dans la nuit qui suit la fête de saint Luc, évangéliste, le 19 octobre 1216, il expira. L'abbé, qui était fort habile médecin et qui l'avait assisté dans ses derniers moments, fit l'ouverture de son corps, et, après avoir saupoudré ses entrailles de sel, les ensevelit honorablement dans l'abbaye de Crokeston. » Le corps, revêtu des habits royaux, fut transporté à Worcester, et solennellement enfermé par l'évêque dans les caveaux de l'église cathédrale.

Il courut parmi le peuple, sur la mort du roi Jean, une tradition plus horrible. On racontait qu'un jeune moine de l'abbaye de Swineshead, ayant su que le roi voulait augmenter le prix du pain, était allé dans le jardin, y avait pris un gros crapaud et en avait exprimé le venin dans un verre de cervoise qu'il porta au roi. Comme il en fit l'essai devant lui, Jean n'hésita pas à vider le reste de la coupe : au bout de deux heures, le moine était mort, le roi au bout de deux jours.

Voici l'épitaphe qu'on lui fit, suivant Matthieu Paris : « Dans ce sarcophage est couchée l'image d'un roi. Sa mort a fait cesser de grandes querelles dans le monde ; sa vie n'a été qu'un enchaînement d'opprobres. On craint que son mauvais destin ne le poursuive après sa mort. Toi qui lis ces paroles, tremble en songeant que tu dois mourir, et pense à ce qui t'attend lorsque le terme de tes jours sera venu. »

Environ dix ans après, un moine de Saint-Albans, nommé Raymond, qui avait vécu dans la familiarité du roi Jean, raconta qu'il lui était apparu, la nuit, dans ses habits royaux, vêtu de cette étoffe somptueuse qu'on nommait *impériale*. Le moine, qui se souvenait parfaitement que le roi était mort, lui demanda comment il se trouvait. « Je me trouve, dit l'ombre, dans un tel état qu'il ne peut y en avoir de pire. Ces habits que tu me vois sont tellement lourds et ardents, que nul d'entre ceux qui vivent dans le siècle ne pourrait les toucher, tant ils brûlent, ni les supporter, tant ils pèsent, sans mourir sur-le-champ. Cependant, par la clémence et la grâce ineffable de Dieu, par les abondantes aumônes de mon fils Henri, et par le culte pieux qu'il rend dévotement au Seigneur, j'espère obtenir un jour miséricorde. »

# CHAPITRE XI.

La mort de Jean sans Terre sauva peut-être la nationalité anglaise ; elle sauva sans aucun doute les Plantagenêts et la Grande Charte, car elle eut pour résultat d'établir entre leurs fortunes une solidarité que les plus violents efforts ne parvinrent jamais à détruire. Malgré qu'ils en eussent, les rois anglais furent obligés d'accepter et de respecter un acte qui limitait leur pouvoir, mais qui l'empêchait de se perdre, et les partisans de la Grande Charte, en voyant le trône et les garanties qu'ils avaient conquises également menacés par l'invasion française, s'habituèrent à penser que les libertés dont ils étaient si jaloux avaient besoin, pour subsister et porter leurs fruits, d'une autorité régulière, légitime et fortement stable. Aussi, à la première

nouvelle de l'heureux événement qui les délivrait
d'un prince parjure, tous ceux à qui pesait la triste
nécessité d'une rebellion forcée se tournèrent-ils
avec empressement vers l'enfant, qu'on ne pouvait
rendre responsable des perfidies du père.

Henri de Winchester avait dix ans; le comte de
Pembroke le conduisit à Glocester pour y recevoir,
avec la couronne, l'hommage et le serment de fidélité de ses vassaux. Mais, comme la couronne avait
péri dans ce récent naufrage qui avait englouti les
trésors et la vie du roi Jean, le légat Gualo ceignit
le front du jeune prince d'un simple cercle d'or. Le
lendemain on publia une proclamation où le roi,
déplorant les dissensions qui s'étaient élevées entre
les barons et son père, promettait à tous l'amnistie
pour le passé et le maintien des libertés pour l'a-
venir; il ordonnait en même temps à ses fidèles
sujets de porter pendant un mois un bandeau
blanc autour de la tête en mémoire de son couronnement.

Quinze jours après, le comte de Pembroke
réunit à Bristol un grand nombre d'évêques, de
barons et de chevaliers, par lesquels il se fit
donner le titre de régent; puis, afin de populariser
la cause du jeune roi, il accorda en son nom une
nouvelle charte. Cette charte était conforme à celle
du roi Jean, si ce n'est qu'on y avait omis à dessein quelques articles qui portaient la plus forte

atteinte à la prérogative royale, comme la défense de lever aucune taxe sans le commun assentiment de la nation, et surtout l'article qui accordait aux barons le droit de résistance à main armée. Toutefois, il était déclaré expressément que ces dispositions n'étaient point rapportées, mais que « les prélats et les seigneurs avaient bien voulu que ces choses demeurassent en suspens jusqu'à ce qu'il en eût été plus amplement délibéré. » Cette concession habile et opportune eut tout le succès que le régent s'en était promis.

Forcé de lever le siége du château de Douvres, que Hubert de Burgh avait vaillamment défendu, affaibli et par les pertes continuelles que lui faisaient éprouver les troupes royales, et par les défections qui devenaient tous les jours plus nombreuses, Louis était passé sur le continent pour y chercher des renforts. Mais, après son départ, les plus compromis des barons, ceux qu'il croyait le plus étroitement attachés à sa fortune, les comtes de Salisbury, d'Arundel et de Warenne, Guillaume d'Albiney lui-même, s'étaient hâtés de faire leur soumission. Quand Louis revint avec ses mercenaires, il trouva tout en désarroi. Cependant son armée, forte encore de six cents chevaliers et de vingt mille hommes, était supérieure à celle du comte de Pembroke. A la tête de ces forces, le comte du Perche, le comte de Winchester et Robert Fitz-Walter partirent de Londres pour frapper un coup décisif.

Tandis qu'ils assiégeaient le fort château de Lincoln, défendu par une héroïne, Nicole de Camville, l'armée royale s'était réunie à Newark. Pendant trois jours, ces nouveaux croisés, dont l'enthousiasme patriotique et religieux s'enflammait aux ardentes prédications du légat, se préparèrent, par la confession et la communion, à vaincre ou à mourir pour la justice. Enfin, après que Gualo, pour terminer cette espèce de retraite spirituelle à la veille d'une bataille, eut donné l'absolution générale et la bénédiction solennelle, ces hommes pleins de foi s'armèrent à la hâte, montèrent à cheval, et le camp fut levé au milieu des cris d'allégresse. Arrivés au bourg de Stowe, à huit milles de Lincoln, ils y passèrent la nuit sans être inquiétés. Le lendemain matin, l'armée, partagée en sept corps de bataille, avec des croix blanches sur la poitrine, marcha droit aux ennemis; ce qu'elle redoutait avant tout, c'est qu'ils ne prissent la fuite avant son arrivée. Les arbalétriers faisaient l'avant-garde, à un mille environ de distance; les bagages, les chariots, les bêtes de somme chargées de vivres suivaient le gros de l'armée; partout les bannières flottaient au vent, les écus brillaient au soleil : c'était un appareil formidable.

Cependant, les barons et les Français qui étaient

dans la ville y vivaient en telle sécurité, comptant bien sur le succès, qu'ils accueillirent avec de grandes huées et de grandes moqueries la nouvelle que leurs adversaires commençaient à se montrer, et qu'ils ne cessèrent pas de faire jouer leurs mangonneaux pour faire brèche dans les murs du château de Lincoln. Mais Robert Fitz-Walter et Saër, comte de Winchester, sortirent pour observer la marche de l'ennemi et pour estimer le nombre des combattants. Après avoir examiné avec attention leur ordonnance, ils revinrent à leurs compagnons et leur dirent : « Ces guerriers marchent en bon ordre; toutefois, nous avons sur eux l'avantage du nombre : aussi notre avis est que nous sortions à leur rencontre jusqu'au pied de la montagne. Si l'on nous en croit, nous les prendrons tous comme des alouettes. » Le comte du Perche et le maréchal de France leur répondirent : « Vous avez vu les choses à votre mode; nous allons sortir à notre tour pour les voir à la mode française. » Ils sortirent donc pour examiner l'armée royale; mais ils se trompèrent dans leurs calculs : car, ayant d'abord aperçu au delà des troupes disposées en bataille les chariots et les bagages, ils s'imaginèrent que c'était une autre armée, à cause qu'ils y virent beaucoup de monde avec des bannières déployées. La vérité est que chaque seigneur avait deux bannières, l'une qu'on portait tête de chaque troupe pour marquer aux hommes d'armes leur place de bataille et l'autre qui restait derrière avec les bagages.

Dupes d'une illusion, le comte du Perche et le maréchal revinrent à Lincoln dans une grande perplexité. Enfin, ils ouvrirent l'avis qu'on divisât les troupes, les unes devant défendre contre les assaillants les portes de la ville, tandis que les autres achèveraient de forcer le château. Cet avis déplut au plus grand nombre, et cependant il fut adopté. On ferma donc les portes, on y plaça des gardes, et tout le monde se mit sur la défensive. Pendant ce temps-là, les gens du château dépê- chèrent secrètement un des leurs vers les chefs de l'armée royale, pour leur faire connaître les dis- positions qu'on prenait dans l'intérieur de la ville, et les avertir qu'ils pourraient pénétrer dans le château par une poterne qu'on tenait ouverte.

Ceux-ci ne voulurent pas entrer tous de ce côté; mais ils détachèrent Falcaise, avec sa troupe et tous les arbalétriers, en lui recommandant de sur- prendre et d'ouvrir au moins une des portes de la ville. En même temps ils portèrent toutes leurs forces contre la porte du nord, qu'ils se dispo- sèrent à briser. Cependant les Français et leurs barons continuaient de lancer des pierres énormes contre le château. Mais Falcaise, qui y était déjà entré, ayant disposé les arbalétriers sur les terrasses et sur les remparts, fit pleuvoir une grêle de traits si drue et si meurtrière, qu'en un clin d'œil la place fut jonchée d'hommes et de chevaux. Puis, s'élançant audacieusement hors des barrières, il fit une profonde trouée au plus fort des ennemis. Peu s'en fallut qu'il ne lui en arrivât mal; car les barons, étant revenus à la charge, l'enveloppèrent et l'entraînaient déjà, lorsque ses arbalétriers et ses hommes d'armes, venant à la rescousse, le délivrèrent et le ramenèrent dans le château. Mais, en ce temps-là même, les troupes royales avaient réussi à briser les portes et s'élançaient impétueusement dans la ville.

Alors ce fut une terrible mêlée; les coups résonnaient sur les armures avec le fracas du tonnerre; percés de traits, les chevaux des barons se cabraient et se renversaient sur leurs maîtres, qui, ne pouvant se relever, étaient tués ou pris. Il ne restait plus que le corps de bataille des Français, qui soutint longtemps l'effort de toute l'armée ennemie; enfin, accablé par le nombre, ce corps  céda et s'ouvrit. De toutes parts on criait au comte du Perche de se rendre; mais lui, combattant toujours, s'écriait, avec d'horribles jurements, qu'il ne se rendrait jamais à ces félons Anglais qui avaient trahi leur roi. Alors un soldat se jeta en avant et lui porta, à travers la visière de son heaume, un coup terrible qui lui perça le crâne et fit jaillir la cervelle. Il tomba sans proférer une parole, sans invoquer le Seigneur, et il mourut ainsi dans son orgueil et dans sa colère.

Les Français, à moitié détruits, se mirent à fuir, cavaliers et fantassins, non sans de grands désastres. Car, tandis qu'ils se pressaient en foule à la porte du midi, il y avait une grosse barre qui retombait à chaque instant et leur fermait le passage : alors les cavaliers mettaient pied à terre ; mais à peine avaient-ils soulevé la barre et entr'ouvert la porte, qu'elle retombait sur le flot des fuyards et les écrasait de tout son poids. Quatre cents chevaliers furent pris avec presque tous les chefs, les comtes de Winchester et de Hereford, Robert Fitz-Walter, Gilbert de Gand, Guillaume de Beauchamp, Olivier d'Harcourt; on ne compte ni les sergents ni les gens de pied. Tous les bagages des barons et des Français, joyaux, vaisselle d'or et d'argent, vêtements d'apparat, furent la proie des vainqueurs. La ville, la cathédrale même furent horriblement pillées. Il y eut d'affreux malheurs : pour éviter la licence et la brutalité des gens de guerre, les femmes s'étaient jetées avec leurs enfants dans des barques trop légères ; mais ces barques, chargées outre mesure, ou dirigées par des inhabiles, s'engloutirent dans les eaux. En-nd il n'y eut plus de prisonniers à faire tin à ramasser, on proclama dans la ville, comme par insulte, la paix du roi Henri, et on se mit à boire et à faire bonne chère en grande liesse. C'était ainsi que les gens du roi célébraient ce combat qu'ils appelaient, en raillant, « la foire de Lincoln. »

Ceux des vaincus qui avaient réussi à s'échapper de la ville n'étaient pas au terme de leurs maux. Partout, sur toutes les routes, ils trouvaient les paysans, armés d'épées et de bâtons, qui les assaillaient au passage et les assommaient ou les égorgeaient sur la place. Deux cents chevaliers tout au plus parvinrent à gagner Londres, où ils semèrent la consternation et le désespoir. Louis demanda aussitôt des secours à Philippe Auguste, son père. Sa femme, Blanche de Castille, déploya une grande énergie. En peu de temps, elle eut rassemblé trois cents chevaliers et une grosse troupe d'hommes d'armes qu'elle fit embarquer à Calais sur une flotte de quatre-vingts gros vaisseaux, sans compter une foule de petits navires et de galères armées en guerre. Un fameux pirate, Eustache Le Moine, s'était chargé de conduire cet armement formidable en Angleterre. De leur côté, les amis du roi Henri III avaient fait de grands préparatifs ; mais, quoiqu'ils eussent mis à contribution toutes les ressources des Cinq-Ports, leur force navale était de moitié inférieure à celle des Français. Cependant, animés qu'ils étaient par le souvenir de la victoire de Lincoln, où le petit nombre avait triomphé, et, d'ailleurs, plus habiles marins que leurs adversaires, ils n'hésitèrent pas à les attaquer, en se jetant sur les derniers vaisseaux de la flotte.

D'abord que les Français connurent le dessein de leurs adversaires, ils revinrent sur eux et se présentèrent vaillamment au combat. Mais Philippe d'Albiney les fit assaillir par ses archers et arbalétriers d'une grêle de traits et de carreaux. En outre, les Anglais avaient armé leurs galères de becs de fer qui fracassaient les vaisseaux ennemis et les coulaient à fond. Ils se servaient aussi de chaux vive, réduite en poussière, qui, lancée au vent, entrait dans les yeux de leurs adversaires et les aveuglait. La mêlée devint terrible; mais les Français, qui n'avaient pas l'habitude de combattre sur mer, eurent bientôt le dessous. Percés de traits, achevés à coups de lance, de hache et  d'épée, ils tombaient sur le pont de leurs navires ou se noyaient dans les flots. Un grand nombre se jetèrent volontairement à la mer pour ne pas tomber aux mains des vainqueurs. De leur grande flotte, il ne s'échappa que quinze navires; ceux qui n'avaient pas sombré furent traînés à la re- jusqu'à Douvres, où l'on enferma cent ievaliers et une foule de captifs d'un rang

Parmi eux se trouvait Eustache Le Moine, qu'on avait trouvé blotti dans la cale d'un vaisseau. Quand il se vit prisonnier, il offrit, pour racheter sa vie, une rançon énorme, en promettant de servir fidèlement désormais le roi d'Angleterre. Mais Richard Fitz-Roy, bâtard du roi Jean, l'abattit d'un coup d'épée, en s'écriant : « Désormais, exécrable traître, tu ne tromperas plus personne en ce monde par tes fausses promesses. » La tête du pirate fut promenée au bout d'une perche, de ville en ville, comme un trophée de victoire.

Cette dernière catastrophe acheva de ruiner la cause de Louis. Bientôt Londres fut assiégée par terre et par eau. Désespérant de la fortune, le prince français accepta les propositions du légat et du comte-maréchal : des conférences s'ouvrirent près de Staines, dans une île de la Tamise; le 11 novembre 1217, un traité fut conclu. Louis abdiquait toutes ses prétentions et relevait les barons anglais de leurs serments; de son côté, Henri leur promettait pleine amnistie et restitution de leurs droits et héritages; il s'engageait, en outre, à maintenir les libertés octroyées par son père à tous les hommes du royaume. Alors Louis et ses adhérents furent absous par le légat de toutes les censures de l'Église, à condition, pour les laïques, de contribuer à la croisade, et pour les clercs qui avaient officié pendant l'interdit, d'aller sept fois,

pieds nus, dans l'église cathédrale, se faire fustiger
par les mains du chantre. Après quoi les gens des
deux partis se donnèrent le baiser de paix.

Le fils de Philippe Auguste était si pauvre qu'il
fallut que Henri lui donnât dix mille marcs et
que les bourgeois de Londres lui prêtassent cinq
mille livres sterling pour payer ses dettes. Enfin il
quitta l'Angleterre à petit bruit, pour aller cacher
son ressentiment parmi les siens ; mais, après
s'être vainement acharné à poursuivre une victoire
impossible, il trouvait en France, prête à descen-
dre sur ce front que la couronne d'Angleterre
avait à peine effleuré, une autre couronne plus
belle et plus souhaitable, la couronne de Philippe
Auguste.

Henri restait, seul et sans contestation, maître
du royaume. On pouvait craindre que, délivré de
cette rivalité salutaire qui était un frein, son pouvoir ne s'emportât d'abord jusqu'à la fougue du
despotisme ; mais le comte de Pembroke, par une
ressemblance fortuite à coup sûr, et dont il n'avait
pas conscience, avec la politique du vieux sénat
romain, s'empressa d'accorder à ses adversaires,
ramenés d'ailleurs plutôt que vaincus, des conditions qui les rassurèrent. Deux chartes furent encore publiées, l'une conforme à la précédente,
avec cette modification que l'escuage serait levé
comme au temps de Henri II ; l'autre, connue sous

le nom de charte des forêts, et destinée à remplacer les prohibitions draconiennes que Guillaume le Conquérant, grand chasseur et chasseur exclusif, avait opposées à la propriété forestière et aux plaisirs de ses vassaux. Ce fut malheureusement le dernier service que le comte-maréchal rendit au roi et à la nation. Il mourut [1], laissant le gouvernement en proie à deux rivaux également détestés, le justicier Hubert de Burgh, et le Poitevin Pierre des Roches, sorte de routier dont le caprice du roi Jean avait fait un évêque de Winchester.

En souvenir de son origine et de son ancien métier, Pierre des Roches s'était constitué le protecteur et l'ami de cette bande d'étrangers avides qui, comme une nuée de corbeaux, s'étaient abattus sur le sol de l'Angleterre. « Or, dit Matthieu Pâris, il y avait beaucoup de gens qui, au temps de la dernière guerre, avaient trouvé fort doux de vivre de rapines. Lorsque la paix fut proclamée pour tous, ils ne purent s'abstenir de piller; les mains leur démangeaient. »

---

1. Quelque érudit du temps lui fit, en deux vers latins, une épitaphe poétique, astrologique et mythologique : « J'ai été Saturne pour l'Irlande, le Soleil pour l'Angleterre, Mercure pour la Normandie et Mars pour la France. » « Il est vrai, ajoute Matthieu Pâris en forme de commentaire, qu'il a été le dompteur redouté des Irlandais, la gloire et l'honneur de l'Angleterre, pour les Normands un négociateur habile, pour les Français un guerrier belliqueux et invincible. »

Au premier rang de ces incorrigibles pillards,
on ne s'étonnera pas de retrouver le fameux routier Falcaise. Il fit tant qu'il lassa même l'amitié de
Pierre des Roches, ou qu'il rendit inutile son bon
vouloir ; cependant les avertissements du ciel ne
lui avaient pas manqué. Deux ou trois ans auparavant, comme la guerre contre Louis de France
autorisait encore tous les excès, il s'était jeté
sur le bourg de Saint-Albans ; il l'avait mis au
pillage, et le monastère à contribution. Mais, une
des nuits suivantes, il lui sembla que, du haut de
la tour de Saint-Albans, une pierre énorme tombait sur lui comme la foudre et le réduisait en
poussière. Réveillé en sursaut, il se jeta hors du
lit, effrayé et haletant ; sa femme, en le voyant
tout en désordre et comme en délire, s'écria :
« Qu'y a-t-il, monseigneur ? Comment vous sen-
tez-vous ? » Et il lui répondit : « J'ai été certainement exposé à de grands périls, mais jamais
je ne me suis senti troublé ni effrayé comme par
ce songe. » Et, quand il lui en eut raconté tout
le détail, sa femme lui dit : « Vous avez grièvement offensé naguère le bienheureux Albans,
lorsque vous avez souillé de sang son église,
pillé le bourg et fait mille injures à l'abbé et
au couvent. Levez-vous donc en toute hâte, allez
promptement, même avant le jour ; humiliez-
vous, et faites au plus vite votre paix avec le saint

martyr, de peur que sa terrible vengeance ne vous écrase. »

Falcaise se rendit, bien qu'avec peine, à ce conseil, suivant cette parole de l'Apôtre : « L'époux infidèle sera sauvé par l'épouse fidèle. » Enfin, pour ne pas offenser sa femme, il vint à Saint-Albans de grand matin, fit appeler l'abbé, et lui dit en fléchissant les genoux, les mains jointes et les yeux baignés de larmes : « Messire, ayez pitié de moi ; j'ai offensé grièvement le Seigneur, le bienheureux Albans, son martyr, et vous-même ; mais à tout pécheur miséricorde ; permettez-moi de parler au couvent en plein chapitre, et de lui demander pardon en votre présence, pour les méfaits que j'ai commis. » L'abbé fit droit à sa requête, admirant dans ce loup-garou tant de mansuétude et d'humilité.

Falcaise, s'étant donc dépouillé de ses habits, et suivi de ses chevaliers qui avaient, comme lui, quitté leurs vêtements, entra dans le chapitre, tenant à la main une baguette. Il confessa humblement la faute qu'il avait commise, comme il lui plut de le dire, en temps de guerre, et reçut sur sa chair nue des coups de discipline de chacun des frères ; puis il les embrassa tous les uns après les autres. Alors, ayant repris ses habits, il alla s'asseoir à côté de l'abbé, et dit à haute voix : « C'est ma femme qui m'a fait faire cela, à cause d'un

certain songe ; mais, si vous exigez qu'on vous
rende ce qu'on vous a pris, je n'y veux rien entendre. » Et là-dessus il s'en alla, laissant les
moines tout ébahis. Toutefois l'abbé et le couvent estimèrent que c'était encore un grand bonheur que d'être à l'abri de ses atteintes. Car,
ajoute le chroniqueur, dans les temps comme
ceux-là, c'est être très-bon que de n'être pas très-
méchant, ainsi qu'on lit d'Astaroth : « Quand
le mauvais cesse de nuire, prenez qu'il vous
rend service. » Cependant le prophète a dit :
« Malheur à toi qui pilles, parce que tu seras
pillé. »

Quelque temps après, ayant eu affaire à l'évêque
de Norwich, Falcaise vint encore à Saint-Albans,
où le prélat se trouvait. En le voyant venir, l'évêque lui demanda, en présence de l'abbé et de beaucoup d'autres, s'il avait offensé en quelque chose
le bienheureux martyr ; et comme Falcaise disait
qu'il n'avait rien à se reprocher, il poursuivit ainsi :
« Je te fais cette question, parce que, une de ces
dernières nuits, tandis que je dormais dans
mon lit, je me suis vu en songe dans l'église de
Saint-Albans, au pied du maître autel. Comme
je me retournais après avoir fait ma prière, je
t'aperçus debout dans le chœur des moines. Puis,
ᵛé les yeux, je vis une énorme et lourde
ii se détachait de la tour et qui tomba

sur ta tête avec une telle violence qu'elle te
broya la tête et le corps; puis tu disparus subite-
ment, comme si tu te fusses englouti dans la
terre. Aussi je te conseille, si tu te souviens
d'avoir fait la moindre offense au martyr, de lui
donner satisfaction à lui et aux siens, avant que
cette pierre ne tombe sur ta tête. » Mais Falcaise,
si ce n'est qu'il demanda pardon de ses excès à
l'abbé et au couvent, jura qu'il n'avait pas de restitution à faire.

Or voici comment la pierre de Saint-Albans lui
tomba sur la tête. Comme il était dans son repaire,
au château de Bedford, il apprit que les juges de
circuit, qui tenaient les assises à Dunstaple, l'a-
vaient condamné, pour ses méfaits, à trois mille
livres d'amende. Aussitôt, bouillant de fureur, il se
mit en campagne, et, quoique les juges fussent
avertis, il surprit Henri de Braybrooke, l'un d'eux,
qu'il enferma dans un cachot. La femme de ce malheureux étant venue se jeter aux pieds du roi, Hubert de Burgh, le justicier, conseilla à Henri III de
faire un exemple. Le château fut investi, et, quoique
Falcaise se fût retiré dans le comté de Chester, ses
lieutenants répondirent insolemment qu'ils ne devaient rien au roi, attendu qu'ils ne lui avaient jamais prêté hommage ni juré fidélité. Henri, transporté de colère, jura par l'âme de son père que,
s'ils étaient pris par force, il les ferait tous pendre.

Pierriers, et mangonneaux, et engins de toutes
sortes, rangés en cercle autour du château, bat-
taient les murs sans relâche; du haut d'une tour
de bois, qui dominait le rempart, les arbalétriers
frappaient à mort tous ceux qui se hasardaient sur
les plates-formes ; enfin les assaillants se rendirent
maîtres de deux *bretesches* ou tours crénelées; le
donjon, miné, s'écroula en partie, et la forteresse
éventrée livra ses défenseurs, qui tous, chevaliers
et sergents, furent pendus, comme le roi l'avait
juré.

Errant et sans ressources, Falcaise tenta vainement de fléchir la colère du maître : on lui fit seulement grâce de la vie, en considération des services qu'il avait rendus au roi Jean ; mais tous ses
biens furent confisqués, et il fut condamné à un
bannissement perpétuel ; cette riche héritière, Marguerite de Redviers, que Jean lui avait sacrifiée en
mariage, demanda la rupture des liens qui l'atta-
chaient malgré elle à ce misérable. Il se retrouvait
donc comme devant, quand il était venu en Angleterre, portant besace et sur un méchant roussin.
En s'embarquant, il voulut se venger de ses ennemis, les barons, qui l'avaient, disait-il, poussé à
faire tout ce désordre dans le royaume. Enfin,
après avoir, en France, évité la corde à grand'-
peine, sous prétexte qu'il était croisé, après avoir
sollicité à Rome la commisération du pape, il périt

misérablement dans une petite ville d'Italie. C'est ainsi que la pierre de Saint-Albans l'écrasa. « Et plaise à Dieu, ajoute Matthieu Pâris, que cette pierre, bien plus redoutable en enfer, ne l'écrase plus aujourd'hui! »

# CHAPITRE XII.

L'exemple fait sur Falcaise, le plus détesté des
routiers, cet éclatant châtiment d'un étranger et
d'un pillard, ne fut ni offert à la nation anglaise
ni accepté par elle comme une légitime satisfaction ; ce fut, avant tout, la péripétie longtemps attendue, sinon le dénoûment d'une grande intrigue
politique, le triomphe de Hubert de Burgh sur
Pierre des Roches. Mais, comme le vainqueur n'inspirait pas aux défenseurs des libertés publiques
moins de défiance que le vaincu, comme son énergie et son habileté le rendaient même à leurs
yeux plus redoutable que son rival, ils ne songèrent pas à se réjouir, mais à rallier leurs forces
pour une lutte prochaine.

Déjà, l'année précédente, en 1223, arraché par

le danger commun aux affaires religieuses dans lesquelles il s'était constamment renfermé depuis qu'il
avait repris le gouvernement de son Église, Étienne
Langton était venu, à la tête des barons, réclamer
de Henri III une nouvelle confirmation des chartes
qu'il avait juré d'observer et de faire observer par
tout le monde : « Les libertés que vous demandez,
s'était écrié Guillaume Briwere, l'un des conseillers de la régence, on ne les doit pas observer
en bonne justice ; elles ont été extorquées par
force. » Mais l'archevêque, indigné, lui avait vivement répondu : « Guillaume, si vous aimiez le
roi, vous ne mettriez pas obstacle à la paix du
royaume. » Enfin, pour calmer cette émotion,
le roi avait mis fin au débat, en disant : « Nous
avons juré toutes ces libertés, et nous sommes
tous tenus d'observer ce que nous avons juré. »
Mais il paraît que, malgré ces belles promesses,
l'influence du conseil avait encore prévalu, si bien
que, dans l'enquête que le roi fit faire, par douze
chevaliers, dans chaque comté d'Angleterre, il ne
fut question que des libertés en usage sous le règne
de Henri II, selon les uns, de Jean sans Terre,
selon d'autres, avant les querelles du roi et des barons, c'est-à-dire à une époque où il n'y avait pas
de libertés clairement et solennellement écrites.
Cependant, deux ans après, comme le trésor était
vide et qu'il fallait à tout prix le remplir, le roi et

ses ministres, après avoir tenté d'effrayer les barons par l'épouvantail d'une invasion française, les
trouvant incrédules, s'humilièrent jusqu'à leur
vendre, au prix d'un subside sur tous les biens
meubles, une solennelle confirmation des chartes.

Malheureusement Henri, quoiqu'il ne fût ni
aussi lâche ni aussi perfide que son père, avait les
mêmes conseillers et les mêmes maximes de gouvernement : plier à l'occasion, baisser ou relever
la tête selon les circonstances, et faire beaucoup
de promesses, même beaucoup de serments, sans
se mettre en peine de les tenir. A peine eut-il atteint sa majorité, qu'en présence des barons réunis
à Oxford il révoqua et biffa les chartes, sous prétexte qu'elles avaient été accordées et signées lorsqu'il n'était encore en possession ni de son corps
ni de son sceau.

L'émotion fut grande ; Pierre des Roches, devenu libéral par ambition, se joignit aux sincères
amis des libertés publiques pour attaquer le véritable auteur de cet attentat, Hubert de Burgh. La
lutte fut longue, acharnée ; mais enfin le coupable
succomba. Convaincu d'avoir détourné à son profit
les sommes énormes qu'il extorquait au nom du
roi, Hubert tomba de la plus haute faveur dans la
plus profonde disgrâce. Telle était la haine qu'il
avait excitée dans Londres, que vingt mille hommes en sortirent un matin avec armes et bannières

pour l'arracher du prieuré de Merton, où il s'était réfugié. Heureusement pour lui, le comte de Chester fit entendre au roi combien il était imprudent de soulever une populace insolente, qu'un premier succès enivre et à laquelle nul pouvoir humain ne peut dire, comme Dieu a dit à la mer : « Tu n'iras pas plus loin. » Ainsi la plèbe n'eut pas sa victime, au grand dépit de Pierre des Roches, qui sut bientôt rallumer la colère du roi.

Comptant sur le délai qu'on lui avait accordé pour préparer sa défense, et muni d'un sauf-conduit qu'il croyait inviolable, Hubert de Burgh s'en allait à Saint-Edmundsbury voir sa femme et implorer dans ses tribulations l'assistance du glorieux martyr. Une nuit qu'il était couché dans une maison qui appartenait à l'évêque de Norwich, il entendit un grand bruit de chevaux. C'étaient trois cents hommes d'armes que Godefroi de Cracumbe amenait, par ordre du roi, pour le prendre et l'enfermer dans la Tour de Londres. A peine avait-il eu le temps de se jeter presque nu dans l'église prochaine, tenant la croix d'une main et de l'autre une hostie consacrée, que ses persécuteurs l'assaillirent, l'arrachèrent du saint asile et le lièrent étroitement avec des cordes, parce qu'il ne se trouva pas de forgeron pour lui mettre les fers ; puis ils le hissèrent sur un cheval en lui attachant les pieds sous le ventre de sa monture, et l'entraînèrent à Londres. « Et le roi, dit la chronique, qui avait veillé toute la nuit pour guetter leur arrivée, s'en alla dormir tout joyeux. »

Cependant l'évêque de Londres ayant menacé d'excommunier tous ceux qui avaient participé au sacrilége, Hubert fut reconduit le lendemain dans l'église dont les gens du roi avaient violé les saints priviléges ; mais les précautions les plus minutieuses furent prises pour qu'il ne pût s'évader, ni recevoir du dehors aucune espèce de secours ou d'aliments : un fossé profond et large, une ligne de palissades, au delà une troupe nombreuse, veillant jour et nuit ; c'était un vrai blocus. Après quarante jours de souffrances et de désespoir, le malheureux se rendit, déclarant qu'il aimait mieux se remettre à la merci du roi que mourir de faim. Dépouillé de ses biens, il fut condamné à garder prison dans le château de Devizes, jusqu'à ce qu'il lui fût permis d'entrer dans la milice du Temple. Mais, par un remarquable effet des retours de la fortune, on le vit, délivré par ces mêmes barons qui l'avaient combattu naguère et vaincu, rentrer en faveur auprès du roi et retomber encore une fois dans la disgrâce.

L'évêque de Winchester, son ennemi, n'eut pas d'ailleurs à se réjouir longtemps de son triomphe. A peine avait-il recouvré le pouvoir que, jetant le
⸱, répudiant l'alliance des barons, les liber-

tés nationales et la nation elle-même, il avait appelé comme au pillage tous les Poitevins ses compatriotes, race besoigneuse et avide. C'était comme aux plus mauvais jours du roi Jean; quand on opposait à ces gens-là les lois de l'Angleterre : « Nous n'avons point souci de vos lois, disaient-ils ; qu'avons-nous de commun avec les assises et les coutumes de ce pays-ci ? » Il en vint jusqu'à deux mille à la fois, chevaliers et autres, à qui l'évêque et son neveu, Pierre d'Orival, nommé trésorier et gouverneur général des châteaux, livrèrent presque toutes les forteresses du royaume. L'insolence de ces étrangers et l'indignation des Anglais en étaient venues à ce point que le fils du fameux comte de Pembroke, Richard, comte-maréchal lui-même, fit entendre au roi, dont son père avait sauvé la couronne et protégé le jeune âge, de menaçantes paroles.

Des avertissements sérieux descendirent aussi de la chaire évangélique. Un dominicain, Robert Bacon, prêchant en présence du roi et de quelques évêques, osa lui dire avec une sainte liberté qu'il ne jouirait jamais d'une paix de longue durée, s'il n'éloignait de son conseil Pierre, évêque de Winchester. Les applaudissements qui éclatèrent dans l'assemblée frappèrent le roi; et, comme il paraissait réfléchir, un clerc de la cour, nommé Roger Bacon, prit hardiment la parole et lui dit : « Monseigneur le roi, qu'est-ce que redoutent le plus les navigateurs ? — Ceux-là seuls peuvent le savoir, répondit le roi, qui font la marchandise sur mer. — Eh bien ! monseigneur, reprit le clerc, je vous le dirai ; ce sont les pierres et les roches. » Il faisait allusion au nom de l'évêque, Pierre des Roches.

En même temps les barons, sommés par trois fois de comparaître devant leur suzerain, le sommèrent à leur tour de chasser au plus tôt tous ces Poitevins, le menaçant, au nom de la nation tout entière, de le chasser lui-même s'il hésitait, et de procéder sur-le-champ à l'élection d'un nouveau roi. Mais Pierre des Roches lui persuadait que ses fidèles Poitevins auraient facilement raison de ces traîtres Anglais. La guerre civile éclata sur les confins du pays de Galles et dans le Cornouailles ; partout, malgré la belle assurance de leur chef, les étrangers eurent le dessous. Instruit par l'exemple de son père, Henri ne voulut pas braver les foudres de l'Église ni pousser à bout la patience et la fidélité de ses sujets : il ordonna à l'évêque de Winchester de retourner dans son diocèse, de s'occuper du soin des âmes et de ne plus se mêler à l'avenir des affaires publiques ; à Pierre d'Orival, de rendre ses comptes et de remettre les châteaux dont il avait la garde ; aux Poitevins, de vider le royaume et de ne plus reparaître devant ses yeux.

Le comte-maréchal ne vit pas le triomphe de la cause nationale : il mourut de ses blessures après un combat héroïque contre les Irlandais, soulevés par les intrigues et les mensonges de Pierre des Roches et de ses complices; le peuple anglais le vénéra comme un martyr.

La tranquillité paraissait rétablie; mais le mariage de Henri avec Éléonore, fille du comte de Provence, attira sur sa tête de nouveaux orages. Les Provençaux prirent la place des Poitevins; l'évêché de Winchester, qui semblait inféodé aux étrangers et aux favoris du roi, fut donné à Guillaume, oncle de la reine, puis à Aymar, fils du comte de la Marche et de la reine Isabelle, veuve de Jean sans Terre ; et cependant les moines de cette Église avaient obtenu du pape une bulle spéciale pour rétablir un Anglais sur leur siége épiscopal. Deux autres oncles de la reine Éléonore, Pierre et Boniface de Savoie, succédèrent à Guillaume dans la faveur royale, lorsque le mécontentement des barons força Henri de l'éloigner du royaume ; Boniface devint même archevêque de Cantorbéry. La licence des étrangers avait pour l'Angleterre un résultat plus funeste que le scandale et le pillage : elle ébranlait dans les âmes le sentiment du juste et de l'honnête. Matthieu Pâris raconte qu'il entendait des Anglais, même des plus illustres et qu'il aurait honte de nommer, se dire en jurant : « Il y a maintenant plusieurs rois et tyrans en Angleterre ; eh bien ! il faut régner et tyranniser avec les autres. »

Au milieu de tous ces désordres, le roi manquait d'argent ; les exactions sur les particuliers, les emprunts forcés sur les couvents, les moyens arbitraires ne suffisant plus, il fut contraint par deux fois, en 1237 et en 1253, de s'adresser encore aux barons et de payer leurs subsides par une nouvelle confirmation des chartes. La dernière cérémonie se fit avec un grand appareil. Comme le roi s'excusait des violences qu'il avait commises : « Seigneur roi, lui dirent les évêques qui l'admonestaient, nous ne parlons plus du passé, mais nous parlons pour l'avenir. » Puis tous les prélats, revêtus de leurs habits pontificaux et tenant des cierges allumés, prononcèrent solennellement l'anathème contre quiconque violerait les chartes royales, et, quand ils l'eurent prononcé, ils jetèrent les cierges éteints et fumants, en s'écriant : « Qu'ainsi soient éteintes et fumantes dans l'enfer les âmes de ceux qui encourront cette sentence. » Lorsqu'on avait offert un cierge au roi, il l'avait refusé humblement : « Il ne convient pas, avait-il dit, que je tienne ainsi un cierge, car je ne suis pas prêtre ; » et mettant la main sur sa poitrine : « Le cœur, avait-il ajouté, fournit un plus sûr témoignage. » Après avoir écouté d'un air joyeux et serein la lecture des chartes, il y fit apposer le sceau royal et prêta le serment qui suit : « Ainsi que Dieu me soit en aide ! J'observerai fidèlement tous les articles de ces chartes dans leur intégrité, aussi vrai que je suis un homme, un chrétien, un chevalier, un roi couronné et sacré. »

Quelques mois après, Henri s'était parjuré, et l'Angleterre tombait dans une crise plus longue et plus terrible qu'aucune de celles qu'elle eût encore traversées. Mais de ce laborieux et fécond enfantement sortit une institution vigoureuse, sœur puînée de la Grande Charte, sans laquelle toutefois la charte, perpétuellement renouvelée et violée, aurait fini par s'abîmer sous le poids des serments trahis, entre le désespoir des peuples et la malédiction des rois. A la place du grand conseil des barons, représentant des intérêts féodaux, on vit apparaître la vraie représentation nationale, le Parlement.

Raconter dans ses détails la lutte dramatique qui fut le berceau de cette grande assemblée, ce serait entreprendre une œuvre intéressante à coup sûr, mais distincte, au fond et par le fait, de l'histoire des chartes. Cette distinction devient évidente si l'on compare entre eux les chefs de la féodalité anglaise sous le roi Jean et sous Henri III, leur caractère, leurs allures et les actes qui furent le résultat de leurs desseins. Sous le roi Jean, les ba-

rons qui lui arrachèrent la Grande Charte n'eurent
point d'autre but que de faire constater, reconnaître
et consacrer comme des droits les libertés publiques ; tout au plus essayèrent-ils d'organiser, pour
se donner des garanties, la résistance légale. Sous
Henri III, les conditions mêmes du gouvernement
furent changées : non-seulement l'autorité royale
fut contenue dans de plus étroites limites et la
royauté n'eut plus entre les mains tout le pouvoir ;
mais l'ambition des chefs de la révolte les poussa
hors de toute mesure, et les intérêts légitimes de
la nation se trouvèrent étrangement compromis
par ceux-là mêmes qui s'en étaient portés les défenseurs. Ils tentèrent de confisquer le pouvoir
pour eux seuls, tentative détestable, bien digne de
cette assemblée que les vieux historiens ont flétrie
du nom de *mad parliament*, « parlement insensé, »
et qui, si elle avait réussi, aurait substitué pour
l'Angleterre au despotisme monarchique le despotisme d'une oligarchie.

Étienne Langton et Guillaume de Pembroke,
pour n'en citer pas d'autres, furent de grands citoyens ; quand ils eurent ensemble négocié la
Grande Charte, l'un retourna paisiblement à son
église, l'autre défendit la dynastie nationale, et, lors-
··· consolidé le trône, il n'usa de sa victo-
ence que pour rapprocher le roi de son
si soucieux d'assurer les nouveaux droits

de la nation que de maintenir la prérogative royale.
Que dire du comte de Leicester, sinon que ce fut
un grand et hardi factieux, un usurpateur sous le
masque d'un ami de la liberté ?

Étranger à l'Angleterre, fils de ce fameux comte
de Montfort, qui fit avec tant d'acharnement la
guerre aux albigeois, frère d'un connétable de
France, la fortune lui fit tomber entre les mains,
dans l'héritage de sa mère Amicia, le comté de
Leicester, et lui donna pour femme la sœur du roi
Henri. Hardi, entreprenant et résolu devant un
prince faible, timide et incertain, il convoita la
couronne, et, pour l'obtenir, il se fit le chef de
tous les mécontents, l'énergique champion de la
noblesse, du clergé et du peuple. Sa popularité fut
éclatante jusqu'au jour où, se croyant maître du
succès, il manifesta ses desseins ; mais, quand on le
vit lui-même fouler aux pieds les chartes avec l'autorité royale, dépouiller et humilier les barons,
affecter la tyrannie, alors les mêmes mains qui
avaient élevé et soutenu jusque-là son pouvoir
illégitime se retirèrent, et il tomba, mais il tomba
sur un champ de bataille, fièrement et glorieusement, comme il avait vécu. Son nom, moins pur
et moins honoré que ceux de Langton et de Pembroke, a mérité pourtant de rester dans la mémoire des Anglais ; car, si les uns ont posé les
premières assises des libertés publiques, Leicester a

fondé, volontairement ou non, à son profit ou au profit de la nation, le gouvernement représentatif.

Quant aux chartes proprement dites, elles disparaissent dans ce grand conflit d'ambitions personnelles; cependant il est dit, dans les fameux règlements connus sous le nom de *Provisions d'Oxford*, qu'elles seront confirmées. Elles le furent en effet en 1264, lorsque Henri III voulut obtenir des barons la liberté de son fils Édouard, qu'ils retenaient comme otage. Cette fois les rôles étaient changés; on peut croire que le roi, éclairé par le danger, fut sincère dans ses promesses, tandis que les barons, subissant l'influence de Leicester, portaient bien au delà des chartes leurs vues et leurs espérances. Ce qui le prouve, c'est leur attitude respective dans une circonstance solennelle qui appartient aux plus glorieux et aux plus chers souvenirs de notre histoire nationale.

La France avait alors un grand roi, un saint roi, Louis IX, dont la sagesse et l'équité avaient un tel renom que Henri III et sa noblesse résolurent de le prendre pour arbitre, magnifique hommage rendu à son intelligence et à ses vertus. Saint Louis tint donc sa cour à Amiens, au milieu d'une foule attentive et étonnée devant ce roi de France jugeant pacifiquement la cause d'un roi d'Angleterre. Henri était venu en personne; mais Leicester, prétextant

une maladie, s'était fait représenter par des procureurs. Quand de part et d'autre on eut produit tous
les arguments, Louis, après avoir pris l'avis de son
conseil, prononça un jugement par lequel il annulait les *Provisions d'Oxford* comme préjudiciables à
la fois aux droits de la couronne et aux intérêts de
la nation, prescrivait la restitution des châteaux
royaux, et rendait à Henri le droit de nommer lui-
même ses conseillers et officiers; mais, en même
temps, soigneux des droits du peuple anglais, il
maintenait formellement tous les anciens priviléges,
chartes et libertés de l'Angleterre.

L'histoire a confirmé ce jugement mémorable; 
mais jamais la voix de la raison a-t-elle pu se faire
écouter dans les temps de trouble et de révolte?
Malgré leur serment, les barons refusèrent de se soumettre avant même que Louis IX eût achevé d'exercer sa médiation, le parti qui voulait pousser les
choses à l'extrême avait repris le dessus. Sans
égard pour le prince dont ils avaient eux-mêmes
accepté l'arbitrage, sans prendre le temps d'examiner la sentence qu'il venait à peine de rendre,
Leicester et ses partisans déclarèrent qu'elle était,
au premier aperçu, contraire à la vérité et à la
justice; ils osèrent même accuser le roi de France
d'avoir cédé aux suggestions de la reine, sa femme,
sœur de Henri III. Aussitôt ils reprirent les armes,
et leurs passions, à regret contenues, précipitèrent

la guerre civile. Après bien des vicissitudes, ils suc-
combèrent; cependant il faut dire à l'honneur de
Henri qu'il n'abusa pas de sa victoire, et qu'un de
ses premiers soins fut de confirmer librement et
volontairement les chartes, en 1267. Cinq ans après,
il mourut, mauvais roi d'abord et justement décrié,
puis enfin terminant son règne avec une sérénité
calme et par un acte de légitime réparation; mais
il avait subi les enseignements de la mauvaise fortune et l'influence de saint Louis.

# CHAPITRE XIII.

Édouard I<sup>er</sup> était bien loin de l'Angleterre quand la couronne lui échut. Cédant, lui aussi, à la sympathique attraction qu'exerçaient en Europe les vertus de saint Louis, il avait sollicité l'honneur de le suivre dans cette croisade de 1270, qui fut la dernière. Mais, en débarquant sur la terre d'Afrique, le prince anglais trouva le camp des chrétiens dans la désolation et le trouble ; le modèle des saints, des preux et des rois, saint Louis, venait de mourir. Tandis que les débris de l'armée, décimée par la peste, se hâtaient de fuir ce rivage meurtrier, Édouard, fidèle au serment qu'il avait prêté en prenant la croix, fit ce qu'avait fait le glorieux martyr dont il n'avait pu que saluer la dépouille, lorsqu'à peine sorti des mains des mamelucks il avait relevé par sa présence le zèle et la foi bien éprouvés des chrétiens de la Palestine.

Un autre sentiment aussi entraînait vers la terre
sainte le jeune Plantagenêt; c'était la noble ambition de signaler son courage aux lieux où vivait encore le souvenir de Richard Cœur de Lion. L'Orient
était plein de sa gloire; la magie de son nom avait
conquis la popularité de la légende : « As-tu vu
l'ombre du roi Richard? » disait le cavalier dont le
cheval bronchait, et les mères arabes menaçaient
leurs enfants du roi Richard. Aussi, quand Édouard
aborda presque seul à Saint-Jean d'Acre, les chrétiens se crurent sauvés, les musulmans perdus; le
sultan Bondocar, qui assiégeait la ville, se hâta de
plier bagage et se retira précipitamment en Égypte.
Malheureusement Édouard avait trop peu de ressources, et les avantages qu'il remporta ne répondirent ni aux espérances ni aux craintes qu'il avait ex-
citées. Mais, à défaut de lauriers, peu s'en fallut
qu'il ne cueillît la palme du martyre.

Un jour qu'il dormait, légèrement vêtu, suivant
la coutume orientale, à l'heure où le soleil est le
plus ardent, un fanatique, trompant la vigilance des
gardes, se glissa jusqu'à lui et le frappa d'un poignard empoisonné. Par bonheur, le coup, qui s'a-
dressait au cœur, n'atteignit que le bras; mais en
luttant avec l'assassin, le prince reçut encore plusieurs blessures; enfin, il réussit à lui enlever son
arme, et lui mettant le genou sur la gorge, il le
tua. Au premier bruit de la lutte, la princesse

Éléonore était accourue ; suivant une tradition touchante, elle aurait sauvé son mari en suçant ses blessures ; un récit moins romanesque, tout en rendant justice aux soins affectueux d'Éléonore, attribue la guérison d'Édouard à l'habileté d'un chirurgien anglais, qui se hâta de débrider les plaies et sans doute de les cautériser. Enfin, rendu à la vie, Édouard put quitter la terre sainte, après avoir obtenu pour les chrétiens une trêve de dix ans.

Après deux règnes aussi malheureux que ceux de son père et de son aïeul, l'Angleterre avait mis en lui des espérances qui ne furent pas trompées : Édouard Ier fut un grand roi. Guerrier comme Richard, avec moins d'éclat et plus de solidité, il conquit le pays de Galles et menaça sérieusement l'indépendance de l'Écosse ; mais il fut ce que n'était pas Richard, un habile politique : en somme, c'est avec Henri II, le fondateur de sa dynastie, qu'il a le plus de ressemblance. Les sages améliorations qu'il introduisit dans les formes de la justice et dans la législation lui ont valu le surnom trop ambitieux de *Justinien de l'Angleterre* ; mais ce fut pour les barons et le peuple anglais un grand bonheur qu'ils eussent déjà conquis la Grande Charte : l'habileté d'Édouard ne leur eût pas livré l'occasion, ni son énergie la victoire. Du reste, loyal et franc dans ses paroles et dans ses actes, il ne cachait pas son

mécontentement ni ses répugnances pour les concessions arrachées à la faiblesse de ses prédécesseurs. Quoiqu'il ait fréquemment convoqué des par-
lements pendant les vingt-quatre premières années
de son règne, il ne fut presque jamais question
des chartes durant cette période.

Cependant, en 1296, une certaine émotion commença à se manifester en Angleterre : la nation
trouvait que le roi lui faisait payer trop cher la
gloire de ses armes ; les exactions, qui d'abord n'a-
vaient affecté que les églises et les monastères,
tombèrent enfin sur les francs tenanciers, sur les
marchands qui faisaient le commerce important des
laines et des cuirs, sur les habitants des cités et
des bourgs ; les nobles eux-mêmes se trouvèrent
atteints. Alors la fermentation devint générale ;
comme au temps du roi Jean, il se forma une
grande ligue pour renfermer la prérogative royale
dans de justes limites et revendiquer les droits du
pays, en réclamant la confirmation solennelle des
chartes, qu'Édouard avait toujours promise et toujours retardée.

A la tête de cette ligue étaient l'archevêque de
Cantorbéry, Robert de Winchelsea, et deux grands
barons, Humphrey Bohun, comte de Hereford, et
Roger Bigod, comte de Norfolk, l'un connétable,
maréchal d'Angleterre. La reconnaissance
le a consacré ces trois noms et les a placés

dans l'estime publique au même rang que ceux d'Étienne Langton et des barons de Runningmead [1]. Édouard méditait un vaste plan de campagne contre son ennemi, Philippe le Bel, roi de France ; tandis qu'il conduirait lui-même une armée en Flandre, il se proposait d'en envoyer une autre en Guienne, sous les ordres des deux comtes. Ceux-ci, qui prétendaient se faire payer leur obéissance, non pas au profit de leur ambition personnelle, mais au profit des intérêts de la nation entière, répondirent au roi que leurs charges ne leur permettaient pas de se séparer de sa personne et qu'ils le suivraient en Flandre, non ailleurs. Cette résistance surprit Édouard. « Vous partirez, s'écria-t-il enflammé de colère, que j'aille ou non avec vous. » Et comme Hereford affirmait qu'il ne partirait pas : « Par le Dieu éternel, sire comte, vous partirez ou vous serez pendu. — Par le Dieu éternel, sire roi, reprit froidement Hereford, je ne partirai ni ne serai pendu. » Et sur-le-champ Norfolk et lui quittèrent Salisbury, suivis de trente bannerets et de quinze cents chevaliers.

Jamais la féodalité n'avait parlé un si hardi langage. Édouard, tout irascible qu'il était, ne se laissa

1. M. Hallam n'hésite même pas à mettre les adversaires d'Édouard Ier, roi prudent, glorieux, intrépide et toujours soutenu par le succès, au-dessus des faciles vainqueurs d'un prince lâche, avili, malheureux et malhabile comme Jean sans Terre.

pas égarer par les emportements qui avaient perdu
Jean sans Terre ; il comprit que Hereford et Norfolk
ne se seraient pas engagés dans une pareille voie s'ils
n'eussent eu la confiance qu'ils y seraient suivis par
le clergé, la noblesse et le peuple d'Angleterre. Il prit
donc le parti de dissimuler d'abord, et, comme si cet
éclat n'avait pas eu lieu, il fit publier une convocation
générale de ses tenanciers militaires à Londres. Au
jour marqué, le connétable et le maréchal, se ren-
fermant dans l'observation stricte de la légalité,
manifestation remarquable du caractère anglais dès
le xiii° siècle, refusèrent d'exercer leurs fonctions,
c'est-à-dire de faire le recensement des tenanciers
militaires, attendu qu'ils n'avaient reçu qu'une invitation générale, et non pas une sommation personnelle et régulière, suivant l'usage. Édouard
nomma alors un nouveau connétable et un nouveau maréchal, et, comme il avait été forcé de renoncer à l'expédition de Guienne, il donna tous
ses soins aux préparatifs de la guerre de Flandre,
qu'il ne pouvait abandonner sans compromettre
ses intérêts et son honneur.

Mais on ne supprime pas le danger en feignant
de ne s'en pas apercevoir. Le bon sens d'Édouard
ne s'y trompa point ; l'heure des concessions était
venue. D'abord il fit un véritable appel à l'opinion
publique. Le 14 juillet 1297, les bourgeois de Londres se pressaient autour d'une estrade élevée à la

hâte devant Westminster. Le roi y parut, tenant par la main son jeune fils, qu'il avait nommé régent pour gouverner le royaume pendant son absence; puis s'adressant à la foule, il lui tint un long discours sur ce thème : les charges étaient lourdes, sans doute, mais elles avaient leur nécessité dans la guerre, et la guerre était nationale. « Voyez, s'écriait-il en manière de péroraison, je vais m'exposer au danger pour vous. Si je reviens, recevez-moi, et je vous dédommagerai de tous vos sacrifices; si je meurs, voici mon fils, mettez-le sur le trône, et sa reconnaissance récompensera votre fidélité. » En disant ces mots, il embrassa son fils en pleurant; la multitude émue fondit en larmes et protesta de sa loyauté par mille acclamations. Dans les comtés, on lut une proclamation plus explicite encore, un véritable mémoire justificatif où le roi cherchait à éclairer l'opinion sur l'origine de sa querelle avec les deux comtes, et dont le meilleur argument sans contredit était la promesse formelle de confirmer les chartes.

A cette proclamation royale, Hereford et Norfolk répondirent par un manifeste qu'ils publièrent sous le titre de Remontrances, au nom des archevêques, des évêques, des abbés et des prieurs, des comtes, des barons et de toute la communauté d'Angleterre; ils y énuméraient longuement, non-seulement les griefs qui leur étaient personnels,

mais aussi tous ceux dont la nation entière avait à
se plaindre, notamment les violations incessantes
des chartes, et ils en demandaient satisfaction.
Édouard reçut cette pièce à Winchester : mais,
comme il voulait gagner du temps, il répondit
qu'il ne pouvait examiner de si hautes questions
sans l'assistance de son conseil, dont une partie
était déjà en Flandre, et que, si les auteurs des Remontrances voulaient passer avec lui sur le continent, il les accueillerait avec plaisir; sinon, il
espérait qu'ils ne troubleraient pas la paix publique pendant son absence.

Mais à peine eut-il mis à la voile, que les deux
comtes, dans un grand appareil militaire, se rendirent auprès des trésoriers et des barons de
l'Échiquier, et leur défendirent, au nom du baron-
nage d'Angleterre, de lever pour le roi le subside
accordé l'année précédente par le parlement de
Saint-Edmundsbury, attendu que la concession en
avait été illégale. De l'Échiquier ils se rendirent à
la maison de ville, où ils haranguèrent les bourgeois
avec un grand succès; et les mêmes cris d'enthousiasme, qui avaient accueilli le roi défendant sa
prérogative, suivirent les barons quand ils se retirèrent pacifiquement, sans provoquer le moindre
ᵈᵉˢᵒᵈordre, après avoir soutenu la cause des libertés
    ques.

    fin, après six semaines d'un calme plein d'an-

xiété, d'où pouvaient sortir à tout instant les tem-
pêtes de la guerre civile, les lords qui composaient
le conseil du jeune prince-régent prirent le parti
d'entrer en négociation avec les chefs de la ligue,
et, de concert avec eux, ils convoquèrent un parlement à Londres, le 10 octobre 1297. Toutefois, le
connétable et le maréchal ne consentirent à s'y
rendre que suivis de cinq cents chevaliers, et à la
condition que les portes de Londres seraient remises
à leur garde. Ils triomphèrent. Non-seulement les
chartes furent confirmées dans leur teneur générale,
mais il y fut ajouté des clauses importantes : ainsi,
la défense de lever aucune taxe sans le commun
assentiment de la nation, défense qui datait de
Runningmead, mais qui avait été supprimée de
fait depuis la première année du règne de Henri III,
sous prétexte qu'elle était réservée pour un exa-
men ultérieur; ainsi, le commerce des laines af-
franchi de tout impôt extraordinaire et non consenti;
ainsi, le dépôt des chartes scellées du sceau royal
dans le trésor des églises cathédrales sous la garde
des évêques qui devaient en faire, deux fois par an,
lecture publique et solennelle, avec sentence d'excommunication contre les violateurs.

Après que le régent eut signé l'acte de confirmation, il l'envoya au roi son père, qui se trouvait
à Gand, avec une lettre collective des barons.
Édouard hésita pendant trois jours ; Dieu sait quels

combats se livrèrent, dans ce cœur tumultueux,
l'orgueil et la raison. Enfin ses passions cédèrent ;
le 5 novembre 1297, il signa les deux chartes avec
les articles additionnels, et il remit aux deux
comtes, ainsi qu'à leurs adhérents, toute rancune
et tout mauvais vouloir. Aussitôt, pour montrer
que leur résistance était satisfaite, le connétable et
le maréchal rentrèrent dans leurs fonctions et partirent pour faire la guerre aux Écossais, qui avaient
profité de toutes ces discordes.

Cependant, lorsque Édouard fut de retour, le bruit
se répandit qu'il n'attendait qu'un moment favorable
pour annuler, comme son père et son aïeul, ces
concessions dont il se raillait, disait-on, avec ses
familiers, comme n'ayant été faites par lui que sur
la terre étrangère. Ce soupçon était injurieux pour
la loyauté du roi, et très-probablement injuste.
Toutefois, quand Édouard vit ses adversaires remettre eux-mêmes en question la validité des
chartes, il s'empara de l'occasion et fit comme ces
plaideurs qui, battus en première instance, profi-
tent d'un appel *a minima* pour recommencer le
débat et regagner peut-être leur cause.

Ce fut encore un curieux spectacle : d'un côté,
Hereford et Norfolk, calmes et persistants, insensi-
bles à toutes les séductions, en garde contre toutes
les ruses, suivant le roi partout, à York, à Windsor,
à Londres ; de l'autre, Édouard, habile, ingénieux,

varié, mettant en jeu toutes les ressources de son esprit pour tromper leur vigilance et mettre leur patience à bout; à York, renvoyant la politique après la guerre d'Écosse, et, après la guerre d'Écosse, s'excusant sur ses glorieuses fatigues. Enfin, il parut céder, et il ratifia ses premières concessions, mais avec une de ces clauses restrictives qui contiennent quelquefois toute une révolution : « Sauf le droit de notre couronne. » Lorsque les shérifs de Londres lurent à la multitude, rassemblée dans le cimetière de Saint-Paul, la nouvelle confirmation des chartes, des cris de joie éclatèrent de toutes parts : mais à peine eurent-ils prononcé la clause fatale que ces cris se changèrent en imprécations ; les bourgeois se répandirent dans la ville, maudissant le roi ; les barons se retirèrent dans leurs châteaux, prêts à prendre les armes ; un pas de plus, on tombait dans la guerre civile.

Édouard se résigna ; le 28 mars 1300, il confirma sans aucune réserve toutes les garanties réclamées et obtenues par ses sujets, en y ajoutant même, sous le nom d'articles additionnels, des clauses de la plus haute importance, telles que la lecture publique des chartes, quatre fois par an, dans la cour du shérif, et l'élection de trois chevaliers par chaque comté, pour recueillir toutes les plaintes contre les infracteurs des chartes, et punir sommairement les coupables.

Tel est l'acte célèbre connu tout spécialement sous le nom de *Confirmation des chartes*, mais que les historiens et les publicistes anglais regardent comme « une nouvelle colonne de leur constitution, un titre non moins important que la Grande Charte elle-même. » Depuis ce moment, les droits du peuple anglais furent définitivement établis et reconnus. On put dans la suite exiger des souverains, les souverains purent offrir eux-mêmes, le plus souvent pour obtenir des subsides, quelque nouvelle garantie de leur parole royale; précautions de forme et concessions inutiles qu'aucun danger ne réclamait, qu'aucune contradiction ne justifiait plus.

Ce n'est pas que les rois se fussent accommodés de leur défaite, ni qu'ils se fussent pris d'affection pour l'acte qui en était le monument; mais ils sentaient la lutte inutile, et même dangereuse. Leur mécontentement fut réel, et se transmit d'âge en âge avec la couronne; mais il fut forcé de se contenir et de demeurer secret : car en même temps le sentiment du triomphe rendait la nation formidable et se transmettait aussi d'âge en âge, de génération en génération, sans rien perdre avec le temps de son énergie ni de son éclat. L'histoire a révélé qu'Édouard I$^{er}$ avait entre les mains une bulle du pape Clément V, qui le relevait de ses serments et annulait des concessions dictées par la contrainte; le fait seul qu'un roi si habile et si prudent n'ait point fait usage d'une telle arme est la preuve la plus convaincante qu'il jugeait la cause du pouvoir absolu perdue en Angleterre.

Ici donc se termine l'histoire des chartes. Les libertés anglaises sont définies et garanties. Les fondements du gouvernement représentatif sont posés.

# ÉPILOGUE.

L'Angleterre vient de faire construire un nouveau palais pour son parlement, à Westminster. Cet immense édifice, de style gothique, se développe sur la rive de la Tamise, et se marie très-heureusement aux anciennes constructions et à l'admirable église de l'abbaye. Dans la salle où siége la chambre des lords, l'architecte a ménagé quatorze niches destinées à recevoir les statues de ceux de leurs illustres prédécesseurs que les pairs d'Angleterre regardent comme les plus dignes d'assister, et, en quelque sorte, de présider à leurs délibérations. Quatre noms seulement ont été jusqu'ici désignés; quatre statues seulement ont été exécutées et mises en place : ce sont les statues du cardinal Étienne Langton, des comtes de Warenne, de Kent et d'Arundel, tous quatre signataires de la Grande Charte.

FIN.

# TABLE DES CHAPITRES.

FIN DE LA TABLE.

Imprimerie de Ch. Lahure (ancienne maison Crapelet)
rue de Vaugirard, 9, près de l'Odéon.